1000 KNÖPFE

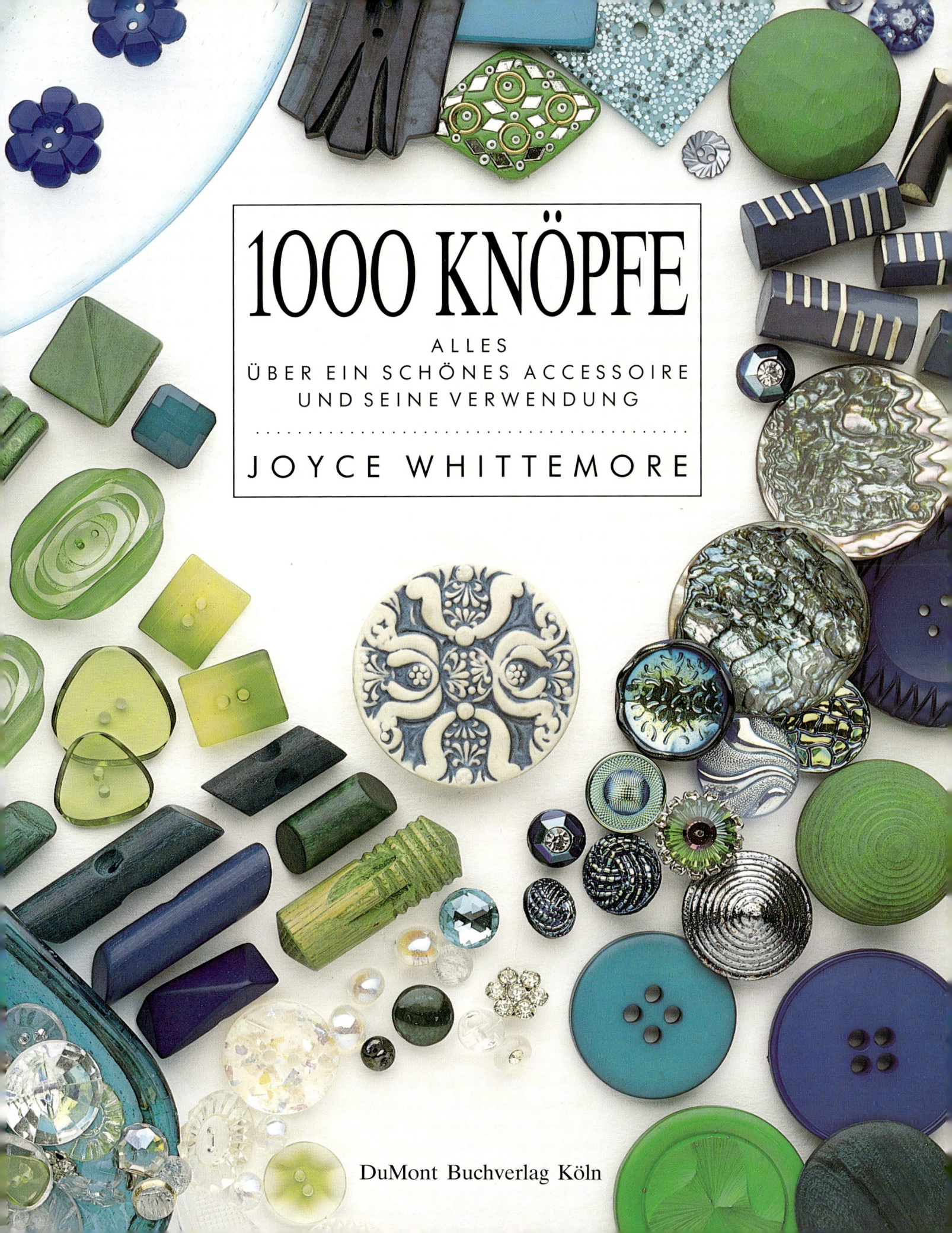

1000 KNÖPFE

ALLES
ÜBER EIN SCHÖNES ACCESSOIRE
UND SEINE VERWENDUNG

....

JOYCE WHITTEMORE

DuMont Buchverlag Köln

Die Deutsche Bibliothek –
CIP Einheitsaufnahme

1000 Knöpfe: alles über ein schönes Accessoire
und seine Verwendung / Joyce Whittemore.
Übers. aus dem Engl. von Ulrike Wasel und Klaus
Timmermann. Fotogr. Steve Gorton . . .
Köln: DuMont, 1992
Einheitssacht.: The book of buttons ‹dt.›
ISBN 3-7701-3107-X
NE: Whittemore, Joyce; Gorton, Steve; Wasel,
Ulrike [Übers.]; Tausend Knöpfe; EST

Joyce Whittemore

**1000
Knöpfe
Alles über ein schönes Accessoire
und seine Verwendung**

Übersetzung aus dem Englischen
von Ulrike Wasel
und Klaus Timmermann

Fotografien
Steve Gorton
Steven Bartholomew
Dave King

DK

© 1992 Dorling Kindersley Limited, London,
und Joyce Whittemore

© 1992 der deutschen Ausgabe:
DuMont Buchverlag Köln
Satz der deutschen Ausgabe:
Fotosatz Froitzheim, Bonn
Druck und Einband: C+C Offset Hongkong
ISBN 3-7701-3107-X

Inhalt

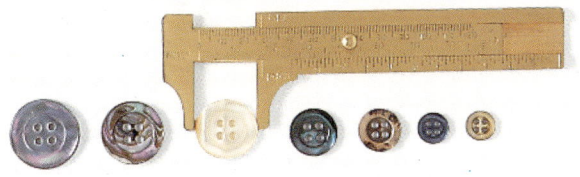

Einleitung

Nahezu jeder trägt Knöpfe an seiner Kleidung, doch wie oft kommt es vor, daß er die Kunstfertigkeit bewundert, die selbst bei der Herstellung des einfachsten Knopfes vonnöten ist? Seitdem Verschlüsse notwendig wurden, sind Knöpfe niemals nur funktional gewesen, sondern dienten immer auch als Schmuck. Manche von ihnen sind in der Tat winzige Kunstwerke, eine Hommage an das jahrhundertealte Geschick und handwerkliche Können von Männern und Frauen.

Für die Herstellung von Knöpfen werden von jeher die verschiedensten Materialien verwendet – Holz, Perlmutt, Glas, Schildpatt, Leder, Horn und Knochen, Emaille, eine Vielzahl von Kunststoffen und sogar Edelsteine. Die Stilrichtungen sind ebenso vielfältig; von schlichten, klassischen Knöpfen bis hin zu ausgesprochen schrillen »Fun-Buttons« ist alles vertreten. In historischer Vergangenheit waren Größe und Schönheit der fertigen Ware nicht nur der Mode unterworfen, sondern auch von politischen und religiösen Faktoren abhängig. Es gibt einige Religionsgemeinschaften, die bis auf den heutigen Tag keine Knöpfe an der Kleidung tragen, da man sie für eine eitle Zierde hält. Zigeuner dagegen glauben, daß Knöpfe Glück bringen. Auf der ganzen Welt, sowohl bei primitiven als auch bei hochentwickelten Völkern, werden Knöpfe bis heute zu dekorativen Zwecken benutzt. In Indien näht man sie an die Kopfbedeckung, in Afrika verarbeitet man sie zu Halsbändern, und die in England als »Pearly Kings« und »Pearly Queens« bekannten Straßenhändler tragen sie überall auf die Kleidung aufgenäht. Darüber hinaus ist es international Brauch, mit ihrer Hilfe Militäruniformen eindrucksvoller zu gestalten, während sich in jüngerer Zeit Kleidungsstücke großer Beliebtheit erfreuen, die mit Knöpfen reich verziert sind.

Früher hatten die meisten Familien eine Knopfschachtel, und viele Menschen können sich noch daran erinnern, daß sie als Kinder damit spielen durften. Diese Schachteln enthielten unermeßliche Schätze, die genauso erinnerungsvoll waren wie eine Flickendecke, deren Stoffstücke ein bestimmtes Kleid oder eine Jacke in Erinnerung rufen können. Die Zeiten haben sich geändert, und mit zunehmender Berufstätigkeit der Frau ist der Bedarf an pflegeleichten Kleidungsstücken gestiegen, was zu der Entwicklung von Nylon- oder Polyesterknöpfen geführt hat. Gleichzeitig haben sich viele Handwerker alter Schule, die besonders interessante Knöpfe herstellten, zur Ruhe gesetzt und keine Nachfolger hinterlassen, die ihr Handwerk fortgeführt hätten. Die Folge davon ist, daß man heute eher dazu neigt, die Knöpfe an alten Kleidungsstücken zu belassen und mit ihnen zusammen wegzuwerfen, als sie abzuschneiden und in der familieneigenen Knopfschachtel aufzuheben.

In diesem Stadium der Entwicklung habe ich angefangen, mich für Knöpfe zu begeistern. Ich arbeitete damals freiberuflich als Textildesignerin und entwarf gerade eine Kleiderkollektion, für die große, auffällige Verschlüsse erforderlich waren. Meine Suche nach Knöpfen wurde zu einer Entdeckungsreise: In den einschlägigen Geschäften fand sich nichts Passendes, und die einzigen guten Knöpfe, die ich auftreiben konnte, waren meist im hintersten Winkel von staubigen alten Kurzwarenläden versteckt – wertlos im Lichte der heutigen Fixierung auf einen pflegeleichten Funktionalismus. Gemessen an der spärlichen Auswahl, die in den herkömmlichen Geschäften angeboten wurde, war schon allein die Vielfalt dieser alten Knöpfe erstaunlich. Später dann, als ich einen Marktstand eröffnen wollte und darüber nachdachte, was ich dort anbieten sollte, kam mir der Gedanke, daß ich die Unmengen herrlicher alter Knöpfe verwenden könnte, die ich bei meiner Suche entdeckt hatte.

In Erinnerung an die vielen Stunden, die ich in meiner Kindheit tiefversunken mit der Knopfschachtel meiner Mutter gespielt hatte, nannte ich meine Firma »Button Box«. Mit einer lächerlich geringen Geldsumme, die ich mir geliehen hatte, kaufte ich einem Großhändler im Londoner East End den gesamten Lagerbestand an Art-déco-Knöpfen und Tausende von Glasknöpfen ab. Schließlich bekam ich einen festen Stand in Camden Lock, einem beliebten Londoner Markt für Kunsthandwerk, der damals nicht nur interessierte Laien anlockte, sondern auch Modedesigner. Im Laufe meiner ersten Geschäfte mit diesen Designern wurde mir klar, wie sehr die Modeindustrie von dem Wunsch beherrscht wird, in jeder Saison einen neuen Stil zu kreieren. Aufgrund dieser Erkenntnis begann ich, auf Einzelanfragen von Designern spezielle Knopf-bestände ausfindig zu machen. Nach dem Grundsatz, das Angebot auf den Bedarf meiner Kunden abzustimmen, baute ich den Großhandelsbereich meiner Firma aus, während ich über den Verkaufsstand weiterhin an ein breitgefächertes Publikum verkaufte.

Als mein Vorrat an alten Knöpfen allmählich zur Neige ging, sah ich mich nach neuen Nachschubmöglichkeiten um. Unterstützung fand ich in Gestalt eines Knopfmachers der alten Schule, der aufgrund seiner Begeisterung für das Knopfhandwerk sowie seiner Fachkenntnisse in der Lage war, mit mir zusammenzuarbeiten und in kleinen Auflagen speziell gefertigte Knöpfe herzustellen. Gemeinsam kreierten wir speziell auf die Wünsche von Designern abgestimmte Knöpfe und verschafften »Button Box« so eine führende Position im Knopfhandel. Ich fing an, die Restbestände der für den Großhandel bestell-ten Knöpfe in London auf dem Markt in Covent Garden zu verkaufen, und da ich feststellte, daß die Nachfrage nach solchen Knöpfen groß war, eröffnete ich dort ein Geschäft. Inzwischen bezog ich handgemachte Knöpfe aus aller Welt, und schon bald war der Laden zum Bersten gefüllt mit Tausenden von schönen und außergewöhnlichen Knöpfen, die viele Besucher aus aller Herren Länder anzogen.

Dieses Buch ist eine Liebeserklärung an Knöpfe und soll, obgleich es nur einen winzigen Querschnitt bieten kann, die unglaubliche Vielfalt an Knöpfen vor Augen führen, die, damals wie heute, auf dem Markt sind. Darüber hinaus soll es Anregungen dazu liefern, wie man Knöpfe kreativ verwenden und ihre dekorativen Eigenschaften nutzen kann. Ich hoffe, daß die Leser dieses Buches nach der Lektüre Knöpfe nicht mehr nur als bloße funktionale Notwendigkeit betrachten werden, sondern auch als winzige Schmuckstücke, die auf einfallsreiche und phantasievolle Weise verwendet werden können. Knöpfe sollten gewagt, auffällig, schlicht oder schön sein, aber vor allem niemals langweilig!

Geschichte der Knöpfe

ca. 14. Jahrhundert

16.–17. Jahrhundert

14.–15. Jahrhundert

Alte Zeiten
Im Uferbereich der Themse sind zahlreiche alte Metallknöpfe gefunden worden, darunter auch die beiden oberen. Der erste zeigt eine betende Gestalt (heute kaum noch zu erkennen). Die Blüte mit sechs Blütenblättern war höchstwahrscheinlich rein dekorativ und nicht funktional. Der faszinierende Ösenknopf wurde vermutlich auf dem Ärmel getragen.

Emaille-knöpfe
Emailletechniken wurden zuerst im 16. Jahrhundert in Limoges für die Knopfherstellung verwendet. Die frühesten Exemplare dieser Art waren im Besitz von Franz I. Nachdem man billigere Produktionsverfahren entwickelt hatte, waren Emailleknöpfe, wie der hier abgebildete aus dem 19. Jahrhundert, weit verbreitet.

Es scheint naheliegend, daß der Mensch, sobald er zwei Stoff- oder Fellstücke zusammenhalten mußte, seinen ganzen Einfallsreichtum darauf verwandte, den Knopf zu erfinden. Der genaue Ursprung ist unklar, aber Archäologen behaupten, bei prähistorischen Funden auf Knöpfe gestoßen zu sein. Von den alten Griechen und Etruskern nimmt man an, daß sie Knöpfe und Schlaufen benutzt haben, um Kleidungsstücke über der Schulter zu befestigen. Die alten Perser haben ihr Schuhwerk geknöpft. Von Anfang an waren Knöpfe mehr als nur bloße Verschlüsse: Sie wurden aus vielen Materialien gearbeitet, und durch die Jahrtausende hindurch manifestierten sich in ihnen die zahllosen Fähigkeiten von meisterlichen Handwerkern. Schon deshalb sind sie häufig ein herrlicher Anblick und ebenso einzigartig und wertvoll wie Juwelen.

DER ÖSTLICHE EINFLUSS
Der moderne Knopf, der heute in großer Stückzahl hergestellt wird, erblickte im 13. Jahrhundert das Licht der Welt, als die revolutionäre Erfindung des Knopflochs den Ösenverschluß ersetzte. Bei der Rückkehr in ihre Heimatländer brachten die Kreuzfahrer manche Errungenschaften der Türken und Mongolen mit. So trug man zum Beispiel die bis dahin weiten, fließenden Gewänder enger, und die Männergarderobe war vom Kinn bis zur Taille und vom Ellbogen bis zum Handgelenk dicht mit Knöpfen besetzt. Frauen trugen lange, elegante, enganliegende und geknöpfte Ärmel. Der Adel schmückte seine Kleidung mit Knöpfen aus Gold, Silber und Kupfer mit Einlegearbeiten aus Elfenbein, Schildpatt und Edelsteinen. Das einfache Volk trug zweckdienlichere, mit Stoff oder Garn bezogene Knöpfe.

In Paris organisierten sich die Knopfmacher in Gilden, und in jeder dieser Gilden arbeiteten die Handwerker ausschließlich mit den Materialien, für die sie ausgebildet worden waren: Metallegierungen, Elfenbein, Horn und Knochen sowie Edelmetalle und Glas. Ähnliche Gilden entstanden auch in anderen Teilen Europas, und im 14. Jahrhundert war das Knopfhandwerk mittlerweile zu einem anerkannten Bestandteil des wirtschaftlichen Lebens in Europa geworden. In der Hauptsache lebte das Handwerk von der Herstellung luxuriöser Knöpfe, bis in Italien ein Gesetz erlassen wurde, das es verbot, sich exzessiv mit Knöpfen zu schmücken, und in dem festgelegt wurde, daß nur noch Stoff- oder Silberknöpfe getragen werden durften.

FÜR KÖNIGE UND BÜRGER
Im Laufe des 15. und 16. Jahrhunderts wurden dekorative Knöpfe durch die Verwendung preiswerterer Materialien – Knochen, Holz, Messing und Hartzinn – für mehr Menschen erschwinglich, und gegen Ende des 16. Jahrhunderts zierten Kupfer-, Messing-, Eisen-, Hartzinn- und Zinnknöpfe die Militäruniformen. Die Reichen trugen weiterhin kostbare, speziell für sie gefertigte Knopfgarnituren, die mit der Ausbreitung des Renaissancegeistes in Europa noch kostbarer wurden und noch üppiger mit Edelsteinen besetzt waren.

Seit dem 16. Jahrhundert wurden Knopfmacher von Mitgliedern der Königshäuser stark gefördert, so zum Beispiel von Franz I. von Frankreich, der ein Gewand trug, das mit 13 000 Goldknöpfen geschmückt war, und Ludwig XIV., der für sechs Knöpfe einen atemberaubenden Preis zahlte. Damals waren wertvolle Knöpfe häufig nicht mit Garn befestigt: der Knopfstiel wurde durch ein Loch in der Knopfleiste des Kleidungsstückes geschoben und mit einem Metallstift befestigt, den man auf der Rückseite hineinsteckte. Auf diese Weise konnte man Knöpfe von einem Kleidungsstück auf ein anderes umsetzen.

ATLANTIKÜBERQUERUNG

Aufgrund der britischen Handelsbeschränkungen wurden im Amerika des 17. Jahrhunderts die meisten Knöpfe aus Großbritannien importiert. Die Frömmigkeit und der schlichte Lebensstil bei einigen der ersten europäischen Siedler, von denen viele Pilgerväter, Quäker und Puritaner waren, favorisierten einfache, funktionale Knöpfe.

Als das Leben für Teile der amerikanischen Bevölkerung immer luxuriöser und die Mode im 18. Jahrhundert noch extravaganter wurde, importierte man europäische Knöpfe. In Amerika gefertigte Knöpfe wurden meist von Juwelieren oder Silberschmieden aus Metall hergestellt. Es gab aber auch andere Handwerker, zum Beispiel Uhrmacher, die nebenher Knöpfe fertigten. Als der Patriotismus durch den Unabhängigkeitskrieg starken Auftrieb erhielt, versuchte man die britischen Importe zu senken. Daher steigerten amerikanische Hersteller die Produktion von Metallknöpfen und begannen, mit anderen Materialien, wie zum Beispiel lackiertem Pappmaché, zu experimentieren.

KNÖPFE UND DAS GESETZ

Bestickte Knöpfe und Knöpfe aus Stoff kamen im 17. Jahrhundert in ganz Europa in Mode. Diese kleinen Knöpfe wurden in großer Zahl und hauptsächlich zur Zierde verwendet – man nähte sie in mehreren Reihen um weite Ärmel oder von oben bis unten auf die Brust der langen, ausgestellten Leibröcke der Männer. Um die Seidenindustrie von Paris und Lyon zu schützen, verlangte das französische Gesetz, daß Knöpfe mit Seide umhüllt sein mußten. In England dagegen waren vom Ende des 17. bis zum frühen 18. Jahrhundert Metallknöpfe Vorschrift und Stoffknöpfe verboten, ein Gesetz, mit dem man die Metallindustrie fördern wollte.

WINZIGE KUNSTWERKE

Im Verlauf des 18. Jahrhunderts wurden Knöpfe immer beliebter. Männer trugen Unmengen von Knöpfen in Reihen auf ihren langen, engen Leibröcken, und durch die zweireihige Mode konnten sogar noch mehr Knöpfe getragen werden, die alle sehr auffällig waren und meist nur ornamentale Funktion hatten, denn als Verschlüsse dienten immer nur zwei oder drei von ihnen. Es gab erlesene, in Glas oder Metall gefaßte Porzellan- und Elfenbeinknöpfe, die mit kleinen Szenen bemalt waren und in mit Seide ausgeschlagenen Schatullen verkauft wurden. Häufig spiegelten die Motive das zeitgenössische Leben wider – Haar- und Kleidermoden, Architekturstile – und frönten dem Hang zu romantischen Landschaften und mythologischen Szenen, die von Kupidos und den imaginären arkadischen Schäfern und Schäferinnen bevölkert wurden, die bei Marie Antoinette und ihrem ganzen Hof so beliebt waren. Habitat-Knöpfe – bei denen Gräser, Blumen, Muscheln, Steine und sogar Insekten unter Glas eingeschlossen waren – haben uns bis heute Naturelemente aus dem 18. Jahrhundert bewahrt, und Rebus-Knöpfe zeigen die damals herrschende Leidenschaft für Sinnsprüche und Rätsel, die sich in den meisten Fällen mit dem Thema Liebe beschäftigen.

Bildknöpfe
Die Miniaturmalerei auf diesem französischen Knopf aus dem ausgehenden 18. Jahrhundert zeigt den Sturm auf die Bastille.

Schmuckknöpfe
Im Europa des 17. Jahrhunderts waren Stoffknöpfe, die in großer Zahl getragen wurden, ein wesentlicher Bestandteil der Kleidung eines Edelmannes. Ein Jahrhundert später kamen prächtige, kunstvoll verzierte Knöpfe in Mode.

Die Knopfindustrie

Neue Verfahren, die im 18. und 19. Jahrhundert in England zur Herstellung von Knöpfen erfunden und patentiert wurden, erwiesen sich manchmal als gefährlich für die Arbeiterschaft (die zumeist aus Frauen bestand). Gleichzeitig sicherten sie den britischen Herstellern im Handel mit Metallknöpfen eine führende Marktposition, wovon wiederum die gesamte metallverarbeitende Industrie profitierte.

Britische Knopfkönige
Die Kleidung der traditionellen Londoner »Pearly Kings« wurde im späten 19. Jahrhundert von Straßenhändlern erfunden. Noch heute werden Modedesigner von ihrer Kluft beeinflußt.

DIE MASCHINELLE KNOPFHERSTELLUNG

Im 18. und 19. Jahrhundert wurden, vor allem in England, bei der maschinellen Herstellung von Knöpfen große Fortschritte erzielt. Unter dem Druck der Konkurrenz entwickelte man neue Maschinen und neue Verfahren, um Metallknöpfe zu stanzen, zu schmieden und zu gießen, von denen viele noch heute angewendet werden. In Dorset verlegten sich Hugenotten-Flüchtlinge, die in der Herstellung von Spitze Erfahrung hatten, auf die Fabrikation von Knöpfen, und gegen Ende des 18. Jahrhunderts war bereits eine florierende Heimindustrie entstanden.

Die Garnknöpfe aus Dorset wurden bis weit ins 19. Jahrhundert hinein in aller Welt verkauft, doch als im Anschluß an die Weltausstellung von 1851 maschinell produzierte Leinenknöpfe patentiert wurden, waren Hunderte von Arbeitern über Nacht arbeitslos.

In Amerika veranlaßte der Anstieg, den die heimische Knopfproduktion im frühen 19. Jahrhundert zu verzeichnen hatte, die Hersteller in Connecticut, dem damaligen Zentrum der Knopffabrikation, englische Maschinen zu importieren. Die Engländer achteten jedoch eifersüchtig darauf, daß die Fertigkeiten, die zum Betrieb der Maschinen erforderlich waren, fest in britischer Hand blieben, und erst die Zuwanderung von Metallarbeitern sowie die Industriespionage machten es möglich, daß die Armee im Jahre 1812, im Krieg gegen die Briten, über vergoldete Uniformknöpfe verfügte, die im eigenen Land hergestellt worden waren.

FRAUEN EROBERN DEN KNOPF

Bis zur Mitte des 19. Jahrhunderts war der Knopf ein männliches Privileg. Dann wurde die Männerkleidung dezenter, und vergoldete Knöpfe, die nun als vulgär betrachtet wurden, machten unauffälligeren Exemplaren aus Perlmutt, Hartzinn und Jacquard Platz. Als die Pariser Haute Couture um die Mitte des Jahrhunderts an Einfluß gewann, eroberten sich die Knöpfe in der Frauenmode ihren Platz, und zwar als funktionale Verschlüsse wie auch als Schmuck.

Nachdem Königin Viktoria Witwe geworden war und man im Anschluß daran Gesetze zur Trauerkleidung erlassen hatte, kamen schwarze Kleidung und Knöpfe aus Jet oder »Französischem Jet« (Schwarzes Glas) in Mode. Für puritanische Teile der amerikanischen Bevölkerung, die lieber unauffällige Knöpfe trugen, wurden Porzellanknöpfe passend zum Kalicostoff gestaltet. Auch die Herstellung von Hornknöpfen nahm zu; aus dicken Hornscheiben fertigte man Knöpfe für die Herrenmode im Freizeit- und Sportbereich.

EXTRAVAGANZEN UND MODE

Während die Herrenmode gegen Ende des 19. Jahrhunderts dezenter wurde, setzten sich in der Damenmode immer mehr Extravaganzen durch. In der letzten Dekade des Jahrhunderts trug man Umhänge, die mit großen, verzierten Zelluloidknöpfen oder juwelenbesetzten Knöpfen geschmückt waren. Kurz nach der Jahrhundertwende wirkte sich die Verbesserung der internationalen Verbindungen auf die Mode aus, und die Bekanntschaft mit japanischer Kunst, die zunehmend ausgestellt wurde, prägte den Jugendstil, eine künstlerische Revolte gegen die Technisierung und gegen die schweren, wuchtigen Designs des ausgehenden 19. Jahrhunderts. Wunderschöne Knöpfe mit weichen, fließenden Linien stellten Frauenköpfe, wallende Faltenwürfe und organische Motive dar. Die britische *Arts-and-Crafts-Bewegung* wiederum, die ein Wiederaufleben der ursprünglichen Arbeitsverfahren des Handwerks propagierte, brachte einzigartige Stücke hervor, darunter handgefertigte Holzknöpfe.

Die Pariser Designer, die zunehmend an Bedeutung gewannen, wurden von künstlerischen und kulturellen Ereignissen stark beeinflußt. So lösten beispielsweise die »Ballets Russes« eine Modewelle aus, die von Kleidern im russischen Stil mit asymmetrisch angeordneten Knöpfen geprägt war, und nach der kunsthandwerklichen Ausstellung von 1925 in Paris entwickelte sich die Art déco, die, in Verbindung mit der Durchsetzung der amerikanischen Jazzmusik, den funktionellen Vorstellungen des Bauhauses und der allmählichen Emanzipation der Frau, die Mode unwiderruflich veränderte: Die fließenden Linien der *Belle Epoque* machten dem klaren, nüchternen Design der zwanziger und dreißiger Jahre Platz. Völlig neuartige Knöpfe, die mit Hilfe neuer Verfahren aus den modernen Kunststoffen Bakelit und Kasein hergestellt worden waren, zeigten eine Explosion von Farben und kühne geometrische Formen.

FUNKTIONALE KNÖPFE

Mit der steigenden Zahl von berufstätigen Frauen wurde auch die weibliche Kleidung funktionaler, wie zum Beispiel die feminine Version des Herrenanzugs, die nach schlichten Knöpfen verlangte. Während des Zweiten Weltkriegs, als Rohstoffe knapp waren, hatten Knöpfe rein praktischen Charakter, und obwohl der Bedarf an Knöpfen nach Kriegsende wieder anstieg, gab es kaum ausreichend Materialien und Arbeitskräfte mit den erforderlichen Kenntnissen, so daß für die Herstellung von Knöpfen viel Einfallsreichtum vonnöten war. Ein Hersteller kaufte die Plexiglas-Windschutzscheibe aus ausgedienten Bombern auf, ein anderer goß auf dem Fußboden seines Wohn-Schlafzimmers Gipsknöpfe in Gelatineformen. In den fünfziger Jahren feierten die Couturiers die Wiedereröffnung ihrer Salons, und Chanel präsentierte ihr unnachahmliches Markenzeichen, den auffälligen Goldknopf, was eine neue Begeisterung für Metallknöpfe auslöste. Die Verwendung von Kasein war in den späten vierziger und fünfziger Jahren weit verbreitet, aber dieses Material erforderte Handarbeit, und die steigende Nachfrage nach Konfektionskleidung veranlaßte die Produzenten, sich nach anderen Materialien, wie zum Beispiel Nylon und Polyester, umzusehen.

Als aufgrund der Begeisterung für vielseitig verwendbare, pflegeleichte Kleidungsstücke das Interesse an Design mehr und mehr in den Hintergrund rückte, kam Kasein außer Gebrauch, und die Qualität fiel der Quantität zum Opfer. Die Produktion verzeichnete einen so dramatischen Anstieg, daß Knöpfe nun eine Standardform und -größe haben mußten, damit sie maschinell aufgenäht werden konnten. Der Niedergang der Qualitätsknöpfe kam erst in den späten siebziger Jahren zum Stillstand, als innovative junge Designer mit dekorativen Knöpfen experimentierten und nicht nur mit klassischen, sondern auch mit eher provokanten Kreationen aufwarteten. So setzte zum Beispiel Vivienne Westwood während der Punk-Ära Knöpfe auf ebenso surrealistische Weise ein, wie Elsa Schiaparelli es in den dreißiger Jahren getan hatte. Als viele Modedesigner in den achtziger Jahren exklusive Knöpfe verwendeten, nahmen europäische Hersteller die Produktion qualitativ hochwertiger Knöpfe wieder auf, und die Zeit des ›schicken‹ Knopfes kehrte zurück. In jüngster Zeit haben billige und minderwertige Knöpfe, die in Fernost hergestellt werden, den Markt überschwemmt, und da die Knopfproduzenten weltweit mit den asiatischen Preisen nicht konkurrieren können, besteht ihre einzige Chance darin, sich auf dem Markt mit hervorragenden Designs zu behaupten, eine Strategie, die dafür Gewähr bietet, daß individuelle und dekorative Knöpfe nicht nur überleben werden, sondern ihren Triumphzug weiter fortsetzen können.

Arts-and-Crafts-Knöpfe
In Handarbeit von Fred Partridge hergestellte Knöpfe aus Ebenholz, Steineiche, Rosenholz und Walnuß. Sie wurden auf Bestellung für einzelne Kunden gefertigt und paßten zu den handgewebten Stoffen, die für die Arts-and-Crafts-Bewegung *typisch waren.*

Surrealistische Knöpfe
In den dreißiger Jahren kreierte Elsa Schiaparelli, eine Designerin, die zur Bewegung der Surrealisten gehörte, für ihre Kleidung außergewöhnliche Knöpfe: ganze Reihen von immer größer werdenden Schmetterlingen; winzige Glasschachteln mit Deckel, die mit Kaffeebohnen und Reis gefüllt waren. Diese federgeschmückten Pferde zierten 1938 eine Jacke, die mit Zirkusmotiven dekoriert war.

Ein
Katalog

Knöpfe gibt es in einer erstaunlichen Vielfalt an
Formen, Materialien und Farben. Der nachfolgende
Katalog bietet eine faszinierende Auswahl von über
700 ausgefallenen Exemplaren, von der kühnen,
dramatischen Wirkung eines Straßbesatzes bis hin zu
der dezenten Eleganz von graviertem Perlmutt. In
jedem Fall legen die auf den folgenden Seiten
abgebildeten Knöpfe beredtes Zeugnis von der
Kunst der Handwerker und Fachleute aus
vielen Jahrhunderten und Kulturen ab.

Glitzer-Look

Bei dieser Auswahl aufregender Knöpfe für die Abendgarderobe erzeugen Glas, Metall und Kunststoffe ein glitzerndes Gesamtbild. Viele sind handgefertigt und werden von renommierten Couturiers verwendet, um auf den ersten Blick eine elegante Wirkung zu erreichen. Diese Exemplare sind entsprechend teuer, obwohl auch preisgünstigere Kopien aus Kunststoff im Handel erhältlich sind.

Knöpfe aus den dreißiger und vierziger Jahren, *rechts*
Die Härte des Materials, aus dem diese formgegossenen Glasknöpfe gefertigt wurden, ermöglicht feine Detailarbeiten; der Goldrand ist mit äußerster Sorgfalt per Hand aufgearbeitet worden.

Moderne ›antikisierte‹ Knöpfe, *unten*
Diese aus synthetischen Materialien gefertigten Knöpfe sind leichter und wesentlich preiswerter als die Originale, denen sie nachgebildet wurden. Solche Knöpfe werden in vielerlei Ausführungen angeboten.

Glas- und Kristallglasknöpfe
Mitunter wird einfaches Glas zu Kristallimitat gegossen, aber selbst wenn man es mit einer spiegelnden Rückseite versieht, erreicht es niemals die einzigartig strahlende Wirkung von echtem Kristallglas. Swarowsky-Kristallglas, maschinengeschnittene Präzisionsarbeit, funkelt bekanntlich am schönsten.

Swarowsky-Kristallglas

Feine, goldverzierte Detailarbeit

Schwarzer formgegossener Glasknopf

Formgegossenes Glas

Eine versilberte Unterseite verstärkt die Glitzerwirkung

Bunte Glas- und Kristallglasknöpfe
Ist die Rückseite von Knöpfen aus buntem Glas oder Kristallglas mit Gold- oder Silberfolie überzogen, wird die schillernde Wirkung noch verstärkt; eine irisierende Rückseite erzeugt Regenbogenfarben.

Kunststoff-Cabochon in metallisiertes Nylon gefaßt

Kunststoff-Stein in metallisiertes Nylon gefaßt

Formgegossenes Glas mit irisierender Rückseite

Perlenartige Kügelchen in Straß gefaßt

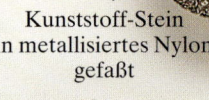

Große Metallknöpfe mit Straßeinlagen

Gefaßte Straßsteine
Diese Art des Straßbesatzes ist von besserer Qualität, haltbarer und teurer als geklebter Straß.

Knebelknopf

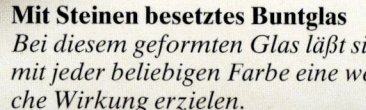

Mit Steinen besetztes Buntglas
Bei diesem geformten Glas läßt sich mit jeder beliebigen Farbe eine weiche Wirkung erzielen.

Verziertes Fensterglas

Fensterglas läßt sich mit Mustern verzieren, die in die Rückseite graviert oder gepreßt werden. Im Anschluß daran werden die Muster häufig farbig oder mit einer spiegelnden Rückseite abgesetzt.

Knopfunterseite mit ausgemalter Gravierung

Spiegelwirkung durch goldene Rückseite

Untergrund mit Silberfolie, von vorn betrachtet

Geklebter Straß

Glitzernde Kristalle oder mit Folie unterlegte Steine werden per Hand auf das Metall geklebt. Die Steine sitzen nicht so fest wie bei der Verwendung von Fassungen.

Falsche Perle in ›antikisiertem‹ Straß gefaßt

Druckknopf aus den fünfziger Jahren

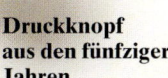

Durchscheinende Farbe schimmert durch die Vergoldung

Verzierte Glasknöpfe, *oben*

Diese prunkvoll wirkenden Knöpfe bestehen aus Buntglas, das in Form gepreßt und dann teilweise gold- oder silberfarben bemalt wurde.

Einfarbig gestaltete Mitte

Knöpfe aus Französischem Jet

Als Königin Victoria Witwe wurde, kamen schwarze Knöpfe auf. Die Reichen trugen teuren Jet, während die ärmeren Bevölkerungsschichten Französischen Jet (schwarzes Glas) verwendeten. Echter Jet fühlt sich warm an, Glas ist kalt.

Silberverzierung auf formgegossenem Glas

Diese in Metall gefaßten Glassteine wirken wie ein winziges Pfauenrad

Mit Steinen besetzte Knöpfe

Diese Metall-, Glas- und Nylonknöpfe sind mit ein- oder mehrfarbigen Steinen verziert.

Ethnostil

Aus den Bergen Nepals und den Minen Brasiliens, aus Südafrika, Australien und Sri Lanka kommen einzigartige Knöpfe, die in ihren Herkunftsländern in erlesener Qualität handgefertigt werden. Man stellt sie in kleiner Stückzahl aus natürlichen Materialien in vielfältigen und ungewöhnlichen Formen her. Einige dieser ausgesprochen schönen Knöpfe kann man durchaus als winzige Kunstwerke bezeichnen.

Elliptischer Knebelknopf

Geometrische Formen

Nepalesischer Knochen
Diese erlesenen, zerbrechlich wirkenden Knöpfe sind aus Knochen geschnitten und mit schlichten, aber eindrucksvollen, geschnitzten Mustern verziert. Sie sind außerordentlich haltbar.

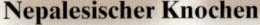

Gefärbter Knochen
Diese mit kunstvollen Schnitzmustern versehenen Knöpfe aus Nepal wurden mit natürlichen Farbstoffen gefärbt.

Knöpfe aus Schlangenhaut
Die Haut wird auf Leder und geschnittene Scheiben aufgezogen. Jeder Knopf hat eine einzigartige Musterung.

Schwarzweiß-Look
Diese auffälligen Knöpfe mit abstrakten Mustern bestehen aus Horn mit Knocheninterarsien.

Horn aus Nepal
Wie diese wahrhaft originellen Knöpfe zeigen, haben Handwerker in den Bergen von Nepal besonders dunkles Horn zu unterschiedlichen organischen und geometrischen Formen verarbeitet.

Südafrikanisches Horn
Seit dem erfreulichen Niedergang des Elfenbeinhandels benutzt man die hellsten Stücke dieses blassen Horns als Elfenbeinimitat.

Verspiegeltes Glas

Glasperle

Kunsthandwerk aus Radschastan
Seit mehr als 200 Jahren werden in Indien Schmuck und Accesoires aus Schellack hergestellt, einem Harz, das durch den Stich der Lackschildlaus in Feigen- oder Akaziensträuchern entsteht. Man erhitzt ein kleines Stück über dem Holzkohlenfeuer, bis es geschmeidig wird. Pulverisierter Farbstoff wird zugegeben und die Masse in eine Form gefügt. Nach dem Erkalten nimmt man den Rohling heraus und verziert ihn: Perlen und andere winzige Objekte werden erhitzt und mit einer Pinzette in die Oberfläche gedrückt.

Goldlitze

Kupferdraht

Die gebogene Form symbolisiert eine sitzende Gestalt oder einen Windschutz.

Nach der Natur zeichnen
Diese von australischen Ureinwohnern gefertigten Tonknöpfe zeigen Bilder aus The Dreamtime, der Geschichte ihrer urzeitlichen Vergangenheit. Punkte stellen hier Regen, Ameisen oder Eier dar; gewellte Linien verweisen auf eine Schlange, Rauch, fließendes Wasser oder Blitze.

Amethyst

Granit

Handgemalt
Dieser Holzknopf ist mit schichtweise aufgetragenen Farben auf Ölbasis handbemalt. Damit die Farbe nicht abblättert, sollte man solche Knöpfe nicht mit in die Wäsche geben.

Dolomit

Hämatit

Marmor

Brasilianischer Stein
Im gebirgigen Landesinnern von Brasilien stellt ein Familienbetrieb diese Knöpfe her. Sie bestehen aus Halbedelsteinen, die aus den nahegelegenen Minen gefördert werden. Handwerker schneiden Rohlinge und verwenden Bohrer mit Diamantspitzen für die Löcher.

Dämonen aus Sri Lanka
Diese lächelnden Gesichter sind aus geschnitztem und handbemaltem Holz.

Quarz

Zurück zur Natur

Die warmen, gedämpften Farbtöne und rustikalen Formen von Knöpfen aus Holz, Horn, Leder und sogar aus manchen Nußsorten passen schön zu winterlichen Strickwaren in neutralen Farben und zu Freizeitjacken aus Tweedstoff. Es werden auch preisgünstigere Alternativen aus nachgemachtem Horn oder Schildpatt angeboten.

Gebranntes und gefrästes Holz

Gebeiztes und geschnitztes Holz

Geschnitztes und gefrästes Holz
Ein Verfahren zur Verschönerung von Holz besteht darin, es zu beizen und zu schnitzen. Man kann die Holzoberfläche auch über einer offenen Flamme anbrennen und anschließend durch die verbrannte Schicht schneiden, um die darunter liegende hellere Tönung freizulegen.

Eiche

Eibe

Weichholz

Holzscheiben
Die Schönheit des Holzes machen seine Maserung und Struktur aus, wie diese Knöpfe eindrucksvoll beweisen. Es handelt sich hierbei um aus jungen Zweigen geschnittene Scheiben, in die man Löcher gebohrt hat.

diverse Knöpfe aus Olivenholz

Geöltes Holz

Gebeiztes Holz

Dekorativer Knopf aus Olivenholz

Holzknöpfe
Aus Holzplatten werden Scheiben gestanzt und anschließend gedrechselt und gebohrt. Zum Polieren werden sie in großen Fässern gerüttelt. Manche werden auch lackiert. Unlackierte Holzknöpfe sollte man nicht mit in die Wäsche oder die Reinigung geben, da ihnen sonst ihre natürlichen Öle entzogen werden könnten. Olivenholz bildet jedoch eine Ausnahme. Es kann mehrere Waschgänge unbeschadet überstehen, denn es enthält mehr Öl als jede andere Holzart.

Hartholzknopf aus den sechziger Jahren (natürliche Farbe)

Behandeltes Holz
Weichholz kann mit Leinsamenöl dunkler getönt werden. Es dringt ins Holz und macht die Maserung deutlich sichtbar. Auch durch Holzbeize nehmen die meisten Holzarten eine dunklere Färbung an.

Hornimitat aus Holz

Knebelknopf aus einem Bambus-stamm geschnitten

Knebelknöpfe aus besonders teurem blassen Horn

Poliertes Horn

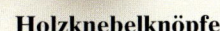

Holzknebelknöpfe
Sie werden aus Stäben geschnitten und auf einer kreisrunden Drehbank gedrechselt. Es gibt sie in zahlreichen Formen und Größen.

Die Form des Blütenblatts war in der Natur vorgegeben.

Hornknöpfe
Als Nebenprodukt des Fleischhandels werden Rinder- oder Büffelhörner aus dem Fernen Osten, aus Indien, Afrika, Argentinien und anderen lateinamerikanischen Ländern geliefert. Farbliche Unterschiede sind auf die verschiedenen Ursprungsländer zurückzuführen, wobei blasse Färbungen am seltensten vorkommen. Die Außenschicht kann entfernt werden oder am Horn verbleiben.

Pflanzenelfenbein (Steinnuß, Kern der Elfenbeinpalme)
Der Samen dieser südamerikanischen Palmenart wurde bis zum Ersten Weltkrieg zur Herstellung von Knöpfen verwendet. Aber Ratten hatten für diese Knöpfe, die sie in den Schützengräben fanden, eine besondere Vorliebe.

Kokosnußschale
Die Schale wird geglättet und geschnitten. So erhält man dünne, aber haltbare, ungewöhnliche Knöpfe. Die Außenseite der Schale ist dunkel, die Unterseite hell.

Kunsthorn
Wird hauptsächlich aus Polyester oder Kasein hergestellt. Manche Exemplare sehen täuschend echt aus, aber normalerweise ist die Zeichnung so regelmäßig, daß man den Unterschied sogleich bemerkt.

Imitiertes Schildpatt
Heutzutage, da die Echte Karettschildkröte zu den geschützten Tierarten zählt, werden keine Knöpfe aus Schildpatt mehr hergestellt. Statt dessen behandelt man verschiedene synthetische Materialien mit einem speziellen Verfahren, so daß sie ähnlich wie Schildpatt aussehen.

Knopfstiel aus Leder

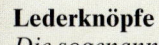

Lederknöpfe
Die sogenannten »Fußballknöpfe« werden traditionellerweise aus ineinander verschlungenen Lederstreifen mit einem ledernen Knopfstiel hergestellt. Knöpfe aus Kunstleder sind glatter, aber weniger haltbar.

Knöpfe aus Muscheln und Schnecken

Aus Perlmutt, das zu den schönsten natürlichen Materialien zählt, lassen sich wunderschön gefärbte und schimmernde Knöpfe herstellen. Die Knöpfe werden aus Salz- und Süßwassermuscheln bzw. -schnecken aus aller Welt gewonnen, die früher überall für wenig Geld zu bekommen waren, denn sie waren ein Nebenprodukt des Fischfangs. Heute sind auch sie von der immer schlimmer werdenden Gewässerverschmutzung bedroht.

Gefärbte Perlmuttknöpfe
Knöpfe aus Muschel- und Schneckenschalen werden mit säurehaltigen Farbstoffen gefärbt. Man weicht sie eine Woche lang ein, damit sie eine dunklere Farbe annehmen. Nach dieser Zeit ist der Farbstoff gerade erst durch die oberste Schicht gedrungen.

Aufgeschnittener Knopf mit eingedrungener Farbe

Diverse Muschel- und Schneckenknöpfe
Viele Muschel- und Schneckenarten werden für die Herstellung von Knöpfen verwendet; so wird Perlmutt beispielsweise aus der australischen Perlenauster und aus Abalone (Ohrschnecke, auch unter dem Gattungsnamen »Haliotis« oder in Neuseeland als »Paua« bekannt) gewonnen.

Abalone

Perlmutt

Abalone

Umgekehrte Knöpfe
Bei manchen Knöpfen dient statt des Inneren das Äußere der Schale als Vorderseite. Modedesigner benutzen sie zur Erzeugung einer natürlichen und exotischen Wirkung.

Die Mitte wurde auf der Drehbank gedrechselt, um die Schönheit der Perlmuttinnenseite freizulegen

Gefärbte Burgos (Topfschnecke), teilweise poliert

Angebohrte Perlenausterschale
Aus dieser Schale sind Rohlinge ausgeschnitten worden, die für die Herstellung von Perlmuttknöpfen verwendet werden. Während des Bohrvorgangs wird die Schale unablässig mit Wasser bespritzt, damit sie nicht zerspringt. Die qualitativ hochwertigsten Knöpfe werden aus dem dicksten und edelsten Teil der Schal gewonnen.

Perlmutt aus einer besonders weißen Süßwassermuschel (zwanziger Jahre)

Goldfisch (Schneckenart)

Paua

Tahitimuschel (eine Art Perlmutt)

Süßwassermuschel

Kreisel-schnecke

Zahnförmige Kreiselschnecke

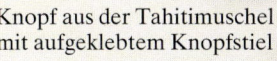

Knopfstiel aus Metall an einem Stiefelknopf aus Perlmutt

Knopf aus der Tahitimuschel mit aufgeklebtem Knopfstiel

Gefärbte Puppen-knöpfe aus Perlmutt

Seltenes Perlmutt
Dieser wunderschöne, große, irisierende Knopf stammt aus den fünfziger Jahren und besteht aus besonders dickem hoch-wertigem Perlmutt, das heutzutage kaum noch zu finden ist.

Perlmuttknöpfe mit Knopfstielen
Eigenstiele bestehen aus einem einzigen Stück, das aus dem Perlmutt herausgeschnitten wird. Das dazu nötige dicke Perlmutt findet man eher bei der Kreiselschnecke als bei der Perl-muschel; sie ist als Material zwar passender, benötigt aber normalerweise einen separaten Knopfstiel, der häufig aus Metall gefertigt wird.

Dunkles Perlmutt
Die Tahitimuschel aus Polynesien hat eine kräftige, irisierende, graue Färbung von unterschiedlicher Tiefe. Diese erstaunlichen Knöpfe wurden mit der Hand gefräst, damit sie noch aparter aussehen.

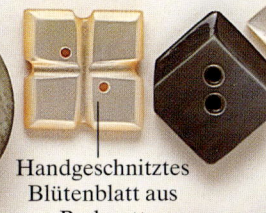

Handgeschnitztes Blütenblatt aus Perlmutt

Kompliziertes Gittermuster

Gefärbte Abalone

Bienenform auf Perlmutt der Kreiselschnecke

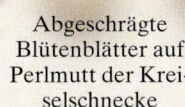

Abgeschrägte Blütenblätter auf Perlmutt der Krei-selschnecke

Graviertes und geschnitztes Muschelperlmutt
Zarte Dessins, von der schlichten Facette bis hin zu komplizierten Blumenmustern, bündeln das Licht und verstärken den natürlichen Glanz dieser Knöpfe.

Verzierungen aus Metall
Von Gittermustern bis zu von Polyester um-hüllten, goldenen Bienen – Metall und Metall-effekte betonen den edlen Glanz des Perlmutts und sorgen so für hochwertige Knöpfe.

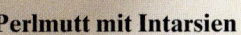

Dicke Perlmutt-scheibe mit einem einge-legten Balken aus Perlmutt der Tahiti-muschel

Türkisfarbene Abalone mit farblich kontrastie-render Abalone-Einlage

Perlmutt mit Intarsien
Verschiedene Perlmuschelarten lassen sich so kombinieren, daß sich ein kontrast-reicher oder harmonischer Effekt ergibt.

Die eingelegten Teile passen wie Puzzleteile zusammen.

Schalen des Meerturbans (Schneckenart)
Diese Knöpfe wur-den aus dem Operculum, dem Gehäusedeckel der Meerturbanschnecke, gefertigt, das die Öffnung der Schale fest verschließt, wenn sich die Bewohnerin in ihr Haus zurückzieht.

Bunte Knöpfe

Wenn diese fröhlichen Knöpfe auf farbenfrohen Sommerstoffen oder, im Winter, auf rustikalen Stricksachen getragen werden, erzeugen sie eine auffällige Wirkung. Sie werden aus einer Vielzahl von Kunststoffen hergestellt, darunter Kasein, das zu den frühesten Plastikarten zählt und aus Trockenmilch gewonnen wird.

Gewölbte Knöpfe
Diese einfachen, glänzenden Nylonknöpfe sehen besonders gut aus, wenn man sie in einer Reihe und in alternierenden Farben trägt.

Knopfstiel aus Nylon

Nostalgieknöpfe
Entsprechend der wiederaufkommenden Modetrends der vierziger und fünfziger Jahre haben diese großen Nylonknöpfe eine matte Oberfläche.

Kasein-quadrate

Kugelknöpfe aus Nylon

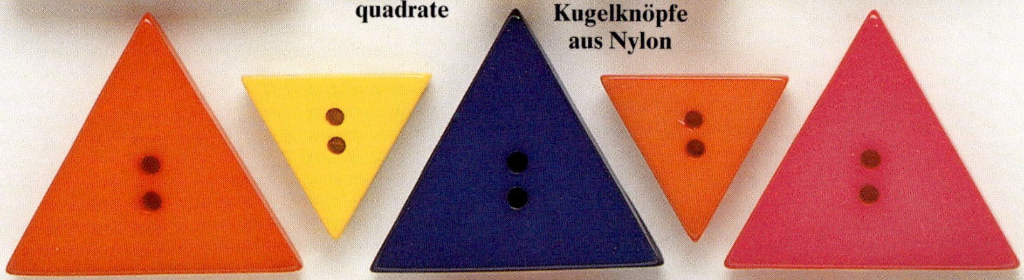

Blütenform in Kasein geschnitten

Gefräste Knöpfe
Die meisten dieser gemusterten Knöpfe bestehen aus Kasein, einer Mischung aus Trockenmilch und einem Konservierungsstoff, die in flache Formen gegossen und in runde Scheiben geschnitten wird, sobald sie hart geworden ist. Die Knöpfe werden vor dem Färben gefräst.

Geometrische Formen
Diese Knöpfe in unterschiedlichen Formen und Größen, die aus Kasein und Nylon gefertigt sind, geben jeder Garderobe einen heiteren Anstrich.

Verschiedene Formen
*Diese fröhlichen Formen
sind aus Nylon und Kasein.
Obwohl Kasein weitestge-
hend von billigeren Kunststoffen verdrängt worden
ist, findet es bei der Herstellung von hochwertigen
Knöpfen in Handarbeit
noch immer Verwendung.*

Nylonknebelknöpfe

Metall-
öse

**Blüten-
förmiger
Kasein-
knopf**

**Kasein-
knebel-
knopf**

**Große Dreiecke, die
aus gegossenen Plastik-
platten geschnitten
wurden (vierziger
Jahre)**

Oberflächendesign
mit gefrästem
Muster

Perlmuttartiger Glanz
*Manche Kunststoffe können durch Spezialbehand-
lung ein schimmerndes, durchscheinendes, perl-
muttartiges Aussehen annehmen, das für das Auge
manchmal ansprechender ist als kräftigere Farben.*

Plexiglasknöpfe
*Die abgeschrägten Kanten dieser
Knöpfe in sanften Farben sorgen für
eine dreidimensionale Wirkung
und betonen die außergewöhnliche Form.*

**Gefrästes
Kasein**

Zarte Wirkung

Pastellfarbene Knöpfe müssen trotz ihrer femininen und zarten Wirkung niemals langweilig sein. Statt sie passend zu entsprechend blassen Stoffen zu tragen, sollte man sie einmal auf Schwarz oder anderen dunklen Farben ausprobieren. Es empfiehlt sich, dazu große, auffällige Knöpfe zu nehmen und auch mit unterschiedlichen Formen zu experimentieren.

Formgegossener
Knopfstiel aus
Nylon

Blüten mit leichter Struktur
Diese formgegossenen Nylonblüten geben farbenfrohe Kleider- oder Hemdknöpfe ab.

Oberfläche
im Lalique-Stil
*Diese großen Nylon-
knöpfe in gedämpften
Farben erinnern mit ihrer mattierten
Oberfläche an Lalique-Glas.*

Plexiglasknöpfe
Um diese ungewöhnliche Form zu erhalten, werden runde Knöpfe aus einer Plexiglasplatte herausgeschnitten und anschließend per Hand mit einem V-förmigen Schleifer auf beiden Seiten geschliffen.

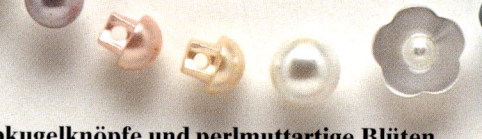

Halbkugelknöpfe und perlmuttartige Blüten
Diese Knöpfe passen ebensogut zu Hochzeitskleidern wie zu einer schlichteren Garderobe. Die Kugelknöpfe sind aus Nylon, die Blüten aus Polyester.

Polyesterknöpfe
Pastellfarbene, perlmuttartige Streifen, die von Polyester umhüllt sind, verleihen den Knöpfen insgesamt eine harmonische Struktur.

Nylonrosen
Aus Nylon lassen sich erstaunlich detailgenaue Blüten formen. Es gibt sie in verschiedenen Farben.

Fächer und Muscheln
Nylon kann man in vielerlei Formen bringen. Diese Knöpfe bieten einen Kontrast zu Blumenmustern und geometrischen Motiven.

Gravierte und gemalte Rosen
Die Blumen auf der Rückseite dieser Plexiglasknöpfe sind eingraviert und handgemalt. Dort, wo die Farbe nicht ganz eingedrungen ist, ergibt sich eine dreidimensionale Wirkung.

Gravierte Stelle, an
die praktisch kein
Tropfen Farbe
gelangt ist.

Glasklare Knöpfe
Ungewöhnliche Formen und feine Verzierungen verschönern diese klaren Knöpfe aus Plexiglas und Glas. Manche nachgemachten Glasknöpfe sind so täuschend echt, daß man nur durch Berühren feststellen kann, ob es sich um Kunststoff handelt: Glas fühlt sich kalt an, Kunststoffe sind warm.

Fischgrätmuster in Plexiglas

Transparente Farben
Mit einem Hauch Farbe erhält Glas und Kunststoff eine freundliche Wirkung. In Polyester können zur farblichen Gestaltung andere Materialien eingebettet werden. Diese sogenannten »Paperweights« aus Glas werden über einer offenen Flamme aus Glasstäben hergestellt.

Formgegossenes Glas mit Farbtönung

Preßglas aus den dreißiger Jahren

Farbtupfer in Polyester

Mit Folie unterlegtes Glas

Handgemalte Blumen im chinesischen Stil auf Glas

»Paperweights«

Vergoldetes Preßglas

Handbemaltes Glas

Bemalte und bedruckte Knöpfe
Wenn man Glas und Nylon mit Blumenmustern bemalt oder bedruckt, erhält man besonders feminin anmutende Knöpfe.

Stoffrosen
Satinbänder werden in Handarbeit zu Rosen mit Blättern geformt und an einem Knopfstiel aus Nylon befestigt. Diese Knopfart paßt gut zu bestickten Strickjacken.

Margeritenblüten
Einfarbige Nylonblüten werden in hohen Stückzahlen und in vielerlei Stilarten nach dem Spritzgußverfahren hergestellt.

Herzen und Fliegen
Verspielte Formen, die sich wunderbar für Kinderkleidung eignen.

Couturier-Stil

Ein paar einzelne, sorgfältig ausgesuchte Knöpfe können eine eindrucksvolle, elegante Wirkung haben und so einem selbstgemachten oder von der Stange gekauften Kleidungsstück die Aura eines Haute-Couture-Designers verleihen. Ob Sie nun einen kühnen, auffälligen Effekt erzielen wollen oder sich für eine dezente klassische Abendgarderobe entscheiden, in jedem Fall steht Ihnen eine große Auswahl an Materialien und Formen zur Verfügung. Im Handel sind preisgünstige Kopien erhältlich, aber für besondere Gelegenheiten lohnt es sich, in echte, handgearbeitete Knöpfe zu investieren.

Organische Formen
Kleine Metalltrompeten, die auf einen gewölbten Untergrund gelötet sind, sehen aus wie ein Meereswesen. Doppelt gebogene und an der Basis verbundene Drähte ergeben die Form eines Seeigels, und eine Spirale aus feinem Metallgeflecht ergibt eine Blume.

in Kasein gefaßte Filigranarbeit aus Metall

Strukturierende Gestaltung (Mischung verschiedener Kunststoffe)

Filigranes Gußmetall in altem Messing

Alte und moderne Filigranarbeit
Um modernen Metallknöpfen ein möglichst altes Aussehen zu verleihen, wird ihre Oberfläche mit besonderen, altmodisch wirkenden Mustern gestaltet.

Dekorative Unterseite eines modernen Filigranknopfes

Cabochon in stoffbesetzter Einfassung

Theaterbesuch
Diese Knöpfe, die ihrem Aussehen nach zu einem Theaterkostüm gehören könnten, kombinieren Stoff mit Metall oder Plastik.

Dekorativ eingefaßter Samt

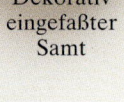
Nylonknopf mit perlartiger Wirkung

Mit Glasperlen besetzter Knopf

Perlenbesetzte Knöpfe
Glasperlen geben der Abendgarderobe ein ganz besonderes Flair. Man kann sie auf einen Faden ziehen und um eine Form schlingen, oder man klebt sie auf Knöpfe, die zuvor mit einer Borte überzogen wurden. Überzeugende Nachbildungen von perlenbesetzten Knöpfen werden aus Nylon hergestellt.

In Spiralen gelegter Stoff
Der Stoff wird von innen nach außen in Spiralen gelegt und mit Kleber befestigt. Für diese handgefertigten Knöpfe braucht man sehr viel Geschick.

Metallknoten

Metallisiertes Nylon

Klassisches und modernes Metall

Klassiker der Haute Couture wie Knoten und Schnüre sehen sowohl in Metall als auch in Metallimitationen gleichermaßen wirkungsvoll aus, zumal hochwertige Kunststoffknöpfe täuschend echt wirken. In Verbindung mit anderen Materialien wie Emaille und künstlichem Perlmutt eignet sich Metall auch ausgezeichnet für kompliziertere Designs.

Emailliertes Metall

Maschenwerk aus Gußmetall

Goldfarbenes Gußstück in einem Untergrund aus künstlichem Perlmutt

Metallisiertes Nylon

Metallimitationen

Form und Farbe dieser Knöpfe wurden so gestaltet, daß sie aussehen, als wären sie aus altem Metall gefertigt. Bei manchen von ihnen handelt es sich sogar um Nachbildungen von Glasknöpfen aus den dreißiger Jahren, die wiederum selbst Metallimitate waren.

Genaue Kopie eines Glasknopfes aus den dreißiger Jahren in metallisiertem Nylon

Glasknopf aus den dreißiger Jahren mit aufgemalter Silberverzierung

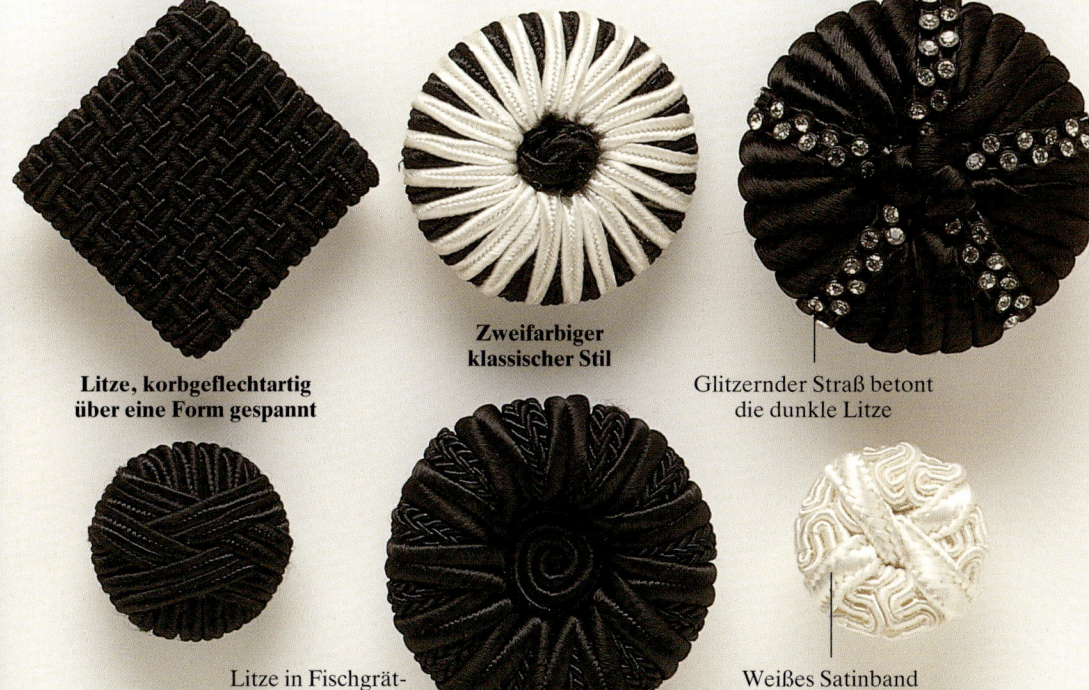

Couturier-Knöpfe

Auch unter der Bezeichnung »Passementerie« bekannt, werden diese auf Bestellung handgefertigten Knöpfe meist in der Haute Couture verwendet. Im klassischen Design werden Litzen um eine Ringform gewickelt. Die Schwierigkeit besteht darin, die Borte unbedingt flach und straff und in derselben Richtung zu flechten. Mit einem Knoten in der Mitte erhält der Knopf seinen krönenden Abschluß. Bei anderen Designs wird die Litze in verschiedenen Mustern über unterschiedliche Formen geflochten.

Litze, korbgeflechtartig über eine Form gespannt

Zweifarbiger klassischer Stil

Glitzernder Straß betont die dunkle Litze

Litze in Fischgrätmuster kontrastiert mit glattem Satin

Weißes Satinband ergänzt die dekorative Litze

Antike Knöpfe

Schöne alte Knöpfe können einem Kleidungsstück eine alter-
tümliche Note verleihen, daher passen sie wunderbar zu
alter Spitze und nostalgischen Kleidern. Man findet sie auf
Märkten und in Secondhandläden. Alte Knöpfe spiegeln auf
vielfältige Weise den Wandel der Mode, der sozialen Verhält-
nisse und der Herstellungsbedingungen wider, weshalb
sie für manche Menschen zu Sammelobjekten werden.
Wer eine Sammlung aufbauen will, sollte sich zunächst
auf ein Thema oder eine Epoche konzentrieren.
Arrangieren Sie die Knöpfe dekorativ. Ergänzen
Sie zeitgenössische Darstellungen der Mode sowie
Stiche und andere Zeugnisse des täglichen Lebens.

Szene aus *Carmen*

**Der heilige Georg
mit dem Drachen**

Viktorianische Bilderknöpfe
*Neben Blumenmustern waren im viktoria-
nischen Zeitalter auch Knöpfe beliebt, die
Szenen aus Oper, Mythologie, Geschichte
und aus Kinderliedern darstellten.*

Holländisches Silber
*Im 17. Jahrhundert ma-
ßen so seltene und hoch-
wertige Silberknöpfe wie
der hier abgebildete mitunter
bis zu sechs Zentimeter im
Durchmesser. Sie sollen von
holländischen Händlern und
Seeleuten als Zahlungsmittel
benutzt worden sein.*

Knöpfe mit Jagdmotiven
*Die ursprünglich hand-
gearbeiteten Sets gab es in
vielerlei Materialien,
darunter Silber, Perlmutt
und Emaille. Diese beiden
Knöpfe mit Messingprä-
gung wurden im frühen
19. Jahrhundert gefertigt.*

Dorset-
garn

Stoffknöpfe
*Bestickte Knöpfe, die erstmals im
17. Jahrhundert in Mode kamen,
überlebten das Aufkommen der
maschinellen Produktion. Eine
Ausnahme bildeten die handgefertigten Knöpfe aus Dorsetgarn, die
praktisch über Nacht von der
Bildfläche verschwanden.*

Emaille auf durchbrochenem
Messing mit Goldüberzug

Silbergefaßter
Straß

Wedgwood und Jasper
*Klassische weiße Figuren oder Köpfe
wurden separat modelliert und auf den
farbigen Porzellanhintergrund aufge-
bracht. Dieser Stil war im späten
18. Jahrhundert sehr beliebt, und die
Knöpfe wurden häufig in Silber,
Stahl oder Straß gefaßt.*

Untergrund
aus Perlmutt

**Filigrane Knöpfe
im Paillettenglanz**
*Polierte Facetten aus geschnitte-
nem Stahl oder zerschnittenes Blei-
kristall verwendete man an Stelle
von Diamanten, um auf Hofkleidern
oder Abendgarderoben eine glitzernde Wirkung zu erzielen. Der Nach-
teil von Stahl war, daß er schon
durch die natürliche Feuchtigkeit
der menschlichen Hand rostete.*

Niete gefaßt in
durchbrochenem Messing

Durchbrochener und emaillierter Knopf

Emaille
Pulverisiertes Glas, das bei hohen Temperaturen auf einen Metalluntergrund gebrannt wird, bildet eine harte glasige Oberfläche; Draht, tiefe Gravierungen oder anschließendes Brennen bei niedrigeren Temperaturen sorgen dafür, daß die Farben getrennt bleiben.

Eine Auswahl von Emailleknöpfen aus dem 19. und 20. Jahrhundert

Keramik

Glas

Mitte aus Perlmutt der Tahitimuschel

Bemalte Keramik und Glas
Blumenmuster – auf Knöpfen stets beliebt – sind mit Glasurfarben oder Emaillierfarben per Hand aufgemalt worden. Anschließend wurden die Knöpfe erneut gebrannt.

Messingüberzug auf Abalone

Stahlkelch

Straßstein

Jugendstil
Die Jugendstil-Bewegung, die zum Teil eine Revolte gegen die minderwertige Ausführung von maschinell gefertigten Gütern darstellte, brachte wunderschön gearbeitete Knöpfe hervor. Besonders charakteristisch waren geschlängelte Formen.

Hintergrund aus Perlmutt

Perlmutt
Perlmutt, das im 19. Jahrhundert bei der Knopfherstellung eine große Rolle spielte, wurde unbearbeitet, kunstvoll geschnitten und geschnitzt oder, für reicher verzierte Knöpfe, in Verbindung mit Metall und Straß eingesetzt.

Gold- und Silberfolie auf Perlmutt der Tahitimuschel

Habitat-Knöpfe
Wie winzige Museumskästen enthalten diese Knöpfe aus dem 18. Jahrhundert Gräser, Muscheln, Federn und sogar Insekten.

Satsumaknopf
Diese japanischen Porzellanknöpfe haben eine elfenbeinweiße Glasur mit feinen Haarrissen, die mit winzigen Goldpünktchen verziert wird. Um die Jahrhundertwende wurden sie meist in Kyoto hergestellt und in Tokio verziert.

Kleine österreichische Knöpfe
Diese zweiteiligen Metallknöpfe aus Österreich waren zwischen 1890 und 1920 große Mode. Man trug sie in langen Reihen auf Ärmeln und Kleideroberteilen.

Juwelen des Fin de siècle
Von 1890 bis in die zwanziger Jahre unseres Jahrhunderts hinein trug man diese großen Zierknöpfe auf Mänteln und Umhängen, meist für die Abendgarderobe. Ein großer ›Juwel‹ ist in eine kunstvoll ziselierte und getriebene Metallumfassung gebettet.

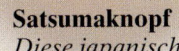
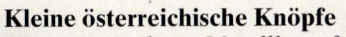

Handgearbeitete Knöpfe

Auffällige handgearbeitete Knöpfe verleihen der Kleidung eine gewisse Exklusivität. Sie werden in kleinen Stückzahlen aus den unterschiedlichsten Materialien hergestellt, darunter Keramik, Modellierton, Holz und Stoff, und jeder Knopf ist einzigartig. Damit sie bei der Wäsche nicht beschädigt werden, sollte man handgearbeitete Knöpfe zuvor von der Kleidung entfernen.

Zartes Blattdetail

Waldblumen
Diese Knöpfe mit ihrem außergewöhnlich faszinierenden Blumenmuster wurden aus Modellierton gemacht.

Ethnostil

Bemaltes Holz
Diese Holzknöpfe wurden mit Schnitzereien versehen und bemalt. Ein Lacküberzug schützt sowohl das Holz als auch die Verzierung.

Zweifarbige Wirkung

Der metallene Knopfstiel wird angebracht, bevor das Harz fest wird.

Bestickte Knöpfe
Auffällige moderne Designs sind ebenso erhältlich wie dezentere Muster.

Schnecken aus Harz
Harz wird in Formen gegossen und mit einem Metallüberzug versehen; so erhält man beispielsweise diese amüsanten ›Schnecken‹ als Knopfform.

Abstraktes Design auf Ton
Für diese eindrucksvollen Millefiori-Knöpfe wird verschiedenfarbiger Modellierton zu kunstvollen Mustern verarbeitet.

Handbemalte Knöpfe

Glasiertes Stiefmütterchen

Zarte Abziehbilder

Federartig marmorierte Knöpfe

Porzellanknöpfe

Aus Porzellan, das zart und doch haltbar ist, lassen sich Knöpfe in den unterschiedlichsten Ausführungen herstellen. Man kann sie mit Blumenmustern bedrucken oder mit ungewöhnlichen naiven Motiven bemalen.

Moderne Keramik

Die kühnen abstrakten Muster auf diesen glasierten Keramikknöpfen erinnern an die sechziger und siebziger Jahre. Die leicht unterschiedliche Form der Vierecke steigert noch zusätzlich ihren Charme.

Gesicht modelliert aus zwei Tonsorten unterschiedlicher Farbe

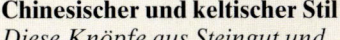
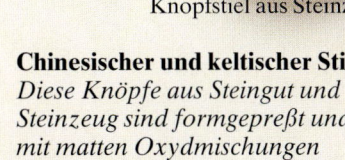

Grünes Oxyd auf Steinzeug

Knopfstiel aus Steinzeug

Witzige Keramikknöpfe

Diese Geister und Gespenster ziehen den Blick auf sich und amüsieren Kinder und Erwachsene gleichermaßen.

Chinesischer und keltischer Stil

Diese Knöpfe aus Steingut und Steinzeug sind formgepreßt und mit matten Oxydmischungen glasiert.

Modische Kinderknöpfe

Kinder lieben bunte Knöpfe in unterschiedlichen Formen und Größen, und es macht ihnen bestimmt großen Spaß zu lernen, wie man sie zuknöpft. Mit ein wenig Phantasie kann man Kinderkleidung in etwas Aufregendes verwandeln, das jedes Kind gern anzieht. Die Auswahl an Knopfmotiven ist groß – von Miniaturautos bis zu dicken Musiknoten –, und manche eignen sich sogar für Erwachsene. Man kann Formen und Farben innerhalb eines Motivkreises variieren und die Knöpfe sowohl unter dekorativen als auch praktischen Gesichtspunkten einsetzen. Man sollte jedoch keine dunklen Knöpfe auf hellen Stoffen tragen, da sie abfärben können. Bei Kinderkleidung müssen alle Knöpfe fest angenäht sein, damit die Kinder sie nicht so leicht abreißen. Außerdem sollte man weder Glasknöpfe noch spitze, scharfkantige Formen verwenden.

Formgegossener Knopfstiel

Reiselust
Diese Knöpfe aus formgegossenem Nylon stellen verschiedene Transportmittel dar. Bis auf das silberne Flugzeug wurden sie alle mit kräftigen Primärfarben handbemalt, was ihnen eine naive Wirkung verleiht.

Metallisiertes Nylon

Einfache Formen aus Modellierton

Vergoldetes Gußmetall

Harz

Nylon

Bildknopf aus Modellierton

Am Meer
Diese Knöpfe, die für sommerliche Kleidung ideal sind, wurden aus unterschiedlichen Materialien gefertigt. Die ungewöhnlichen Bildknöpfe sind kunstvoll mit der Hand aus Modellierton geformt. Handwäsche bis 40 Grad oder entfernen.

Handbemaltes Nylon

Modellierton

Keramik

Kuscheltiere
Der Knopf mit dem Schweinekopf ist eine Scheibe, die von einer Rolle Modellierton abgeschnitten wurde, die über die ganze Länge das gleiche Muster hat, wie bei einer Zucker-stange. Die Keramikknöpfe sind handgemacht und sehr haltbar.

Nylon

Keramik

Handgemaltes Design auf Holz gepreßt

Brummbären
Diese freundlichen und fröh-lichen Knöpfe mit dem allseits bekannten Motiv sind aus Nylon, Keramik und Modellierton.

Auf dem Bauernhof
Diese handbemalten Tiere sollte man versetzt angeord-net verwenden oder die Farben variieren.

Nylon

Emailliertes Metall

Nylon

Modellierton

Nylon

Weihnachtsglocken
In der Weihnachtszeit kann man Kinderkleidung mit Knöpfen verschönern, die weihnachtliche Motive zeigen. Sie können solche Exemplare selber machen, in-dem Sie schlichte Nylonknöpfe mit Emaillefarbe verzieren.

Verzierung mit Emaillefarbe

Marienkäfer flieg
Diese Knöpfe machen sich gut auf dunklem Stoff. Für die als Marienkäfer bemal-ten Nylonknöpfe braucht man keine besonderen künstlerischer Fähigkeiten.

33

Modische Kinderknöpfe

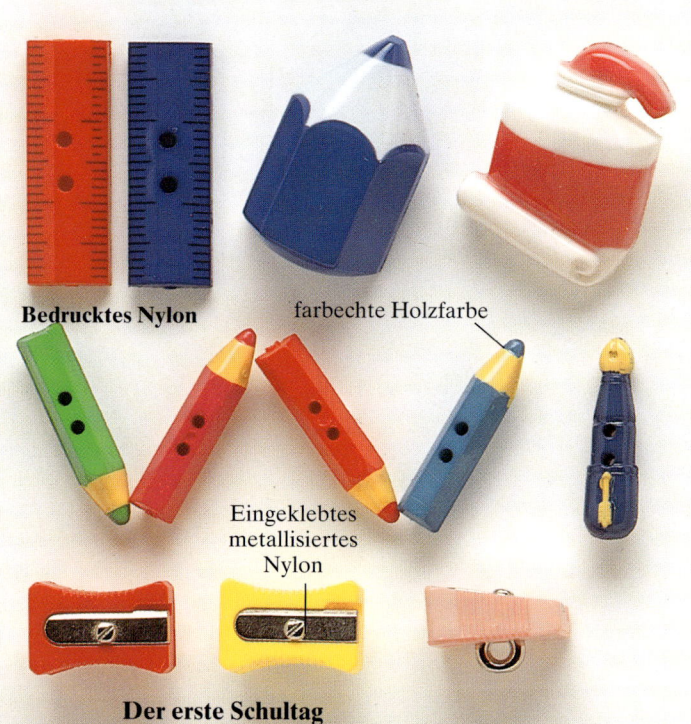

Bedrucktes Nylon

farbechte Holzfarbe

Eingeklebtes
metallisiertes
Nylon

Der erste Schultag
*Diese leuchtenden Nylonknöpfe sind ideal
für Kinder, die bald in die Schule kommen.
Die Anspitzer sind mit einer falschen Klinge
ausgestattet.*

Daheim
*Knöpfe, die Menschen abbilden, gibt es in
vielerlei Formen, und manche stellen unterschiedliche Berufe dar. Einem Kind wird es
Spaß machen, wenn es das passende Haus zu
den jeweiligen Personen aussuchen kann.*

Modellierton

Nylon

Harz

Himmlische Knöpfe
*Knöpfe in der Form von Mond
und Sternen sehen auf dunklen Stoffen sehr schön aus. Die ungewöhnliche
Sonne, die aus Harz hergestellt wurde,
könnte sich bei Kindern und Erwach-
senen gut machen. Bei kleineren Kindern sollte man die spitzen Formen
besser vermeiden.*

Nylon

Flower Power
*Große auffällige Nylonblumen
geben farbenfrohe Mantel-
knöpfe ab. Eine Reihe Knöpfe
mit fröhlichen Bienenmotiven
könnte eine schlichte Bluse zu
einem lebhaften Kleidungsstück
machen.*

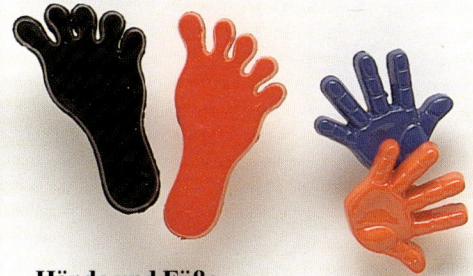

Alphabet
Leuchtendbunte Buchstaben und Zahlen können das Lesen- und Rechnenlernen versüßen. Man sollte den Namen des Kindes jedoch nicht auf die Kleidung schreiben, da Fremde ihn mißbrauchen könnten.

Holzwürfel
Diese Würfel sind aus Holz, das mit Farbe besprüht wurde. Die Punkte sind mit der Hand aufgemalt.

U(h)ralt
Diese herrlich detailverliebten Uhren haben einen altertümlichen Charme. Die aus Glas sind jedoch nur für Erwachsene geeignet.

Formgegossenes Glas mit handgemalten Ziffern

Bedrucktes Metall mit klarem Harzüberzug, der aussieht wie Glas

Hände und Füße
Diese amüsanten Knöpfe wirken am besten, wenn sie in einer Reihe bunt durcheinander und in verschiedene Richtungen weisend aufgenäht werden.

Besteht aus zwei Teilen

Eine besondere Note
Dicke Musiknoten, Miniaturschallplatten oder ein geschwungener Flügel – alle aus gegossenem Nylon – sind ein attraktiver Blickfang. Etwas dezenter wirken die entsprechend kleineren Ausführungen oder die Geige bzw. das Saxophon.

Metallisiertes Nylon

Zweiteilig

Wie man Knöpfe auswählt

Dieses Kapitel stellt die Kombinationsmöglichkeiten verschiedener Knöpfe vor und liefert interessante Anregungen und praktische Ratschläge für die Auswahl von Knöpfen, die zu Textilien von unterschiedlicher Struktur und Farbe und zu unterschiedlichen Mustern passen. Es gibt dabei keine unumstößlichen Regeln; unerwartete Zusammenstellungen können zu individuellen und ganz besonders eindrucksvollen Ergebnissen führen. So kann man mit Knöpfen bestimmte Charakteristika eines Stoffes auf dezente Weise betonen oder sich für die ›ungenierte‹ Variante entscheiden, d. h. Knöpfe so mit einem Stoff kombinieren, daß sich eine moderne und schrille Wirkung ergibt.

Rot und Braun

Bei Stoffen in kräftigen warmen Rot-, Gold- und Brauntönen können Knöpfe in ähnlichen Farben oder Knöpfe mit Metallüberzug eine sinnliche Wirkung haben. Gold- oder bronzefarbene Oberflächen sind für Tageskleidung oder für die Abendgarderobe geeignet, je nach Muster und Stilrichtung. Mehrfarbige Knöpfe können sich entweder harmonisch einfügen oder die Aufmerksamkeit auf sich ziehen.

Feines indisches Leinen

Oberfläche aus antikisiertem Messing
Im Gegensatz zu dem äußerst dekorativen Stoff wirken diese schlichten Knöpfe eher praktisch.

Transparente Knöpfe in Zweifarben-Optik
Die verschiedenen Farben des Stoffes schimmern äußerst apart durch diese Knöpfe.

Knöpfe mit perlmuttartiger Wirkung
Stilvolle, schwarzgerändete, dunkelrote Polyesterknöpfe ergänzen den Zweifarbeneffekt.

Knöpfe in Metall-Optik
Die stilisierten Blätter und Blüten auf diesen, Glasknöpfen nachempfundenen, Nylonkopien nehmen das Blumenmotiv des Stoffes wieder auf.

Ein großer Kamee-Knopf, der wie eine Brosche am Hals getragen werden kann.

Knöpfe mit spiralförmigem Stoffbezug
Kleine schwarze Litzenknöpfe, die an die fünfziger Jahre erinnern, sorgen für eine leicht nostalgische Eleganz.

Bedruckte Baumwolle

Gesprenkelte Knöpfe
Die dunklen Tupfen auf diesen rubinroten Knöpfen kontrastieren deutlich mit dem Muster des Stoffes.

Strukturierter Jacquardstoff

Glasknebelknöpfe
Diese Knebelknöpfe aus geblasenem Glas mit vergoldeten Enden verleihen der Abendgarderobe eine elegante und aparte Note.

Blattknöpfe
Zarte Metallknöpfe in Blattform kontrastieren mit der Struktur und dem abstrakten Muster des Stoffes.

Bunte perlmuttartige Knöpfe
Die leuchtenden Farben betonen die kräftigen Farbtöne des Stoffes auf vollendete Weise.

Goldbrauner Glanz
Der schimmernde Glanz dieser Glasknöpfe betont die helleren Farbtöne. Ideal für besondere Anlässe.

Nachgemachtes Schildpatt
Große Knöpfe aus der ersten Dekade unseres Jahrhunderts verschmelzen mit dem Hintergrund.

Abstraktes Design
Eine Verbindung aus Emaille und Metall akzentuiert die warmen Farbtöne.
Wolltweed

Blau und Grün

Stoffe, deren Farbenspektrum von tiefem Meergrün bis zu Blaßlila reicht, harmonisieren auf natürliche Weise mit den schillernden Farbtönen glänzender Knöpfe. Sie passen darüber hinaus zu den edelsteinartigen Farben von Glas und zu dem Schimmer von Perlmutt oder Emaille. Es ist ratsam, Knöpfe zu wählen, die entweder zur Struktur des Stoffes passen oder die ein bestimmtes Motiv betonen, wobei dunkle Knöpfe markanter und kostbarer wirken.

Zarter Seidenchiffon

Gefärbte Perlmuttknöpfe
Diese Knöpfe mit den abgeschrägten Rändern wechseln je nach Lichteinfall die Farbe und passen sich so dem glänzenden Stoff an.

Blaue Glasknöpfe
Diese Knöpfe wirken wegen ihrer schwarzen kreisförmigen Verzierung ein wenig wie Trachtenknöpfe.

Formgegossene Knöpfe
Diese mit Silber und Blau verzierten Glasknöpfe eignen sich ausgezeichnet für die Abendgarderobe.

Millefioriknöpfe
Die dunkelblauen Knöpfe mit Blumenmotiv, die aus Scheiben von geschmolzenen Glasstäben geformt wurden, passen gut zu Stoffen in blassen Farben.

Türkisfarbene Knöpfe
Diese Glasknöpfe, die am schönsten wirken, wenn man sie in Zweier- oder Dreierreihen trägt, heben den türkisfarbenen Streifen hervor.

Knöpfe in Zinn-Optik
Diese massiv wirkenden Knöpfe sollte man dicht nebeneinander tragen und mit Stoffösen befestigen.

Ein schillernd glänzender Knopf, der an Hals oder Schulter einen deutlichen Akzent setzt.

Transparente Blüten
Die zart fliederfarbenen, blütenförmigen Knöpfe, deren Wirkung durch den Straßbesatz verstärkt wird, sind ideal für ein leichtes fließendes Abendkleid.

Grobgesponnene Seide

Brokat

Marmorierte Knöpfe
Die kräftigen Farben und der Glanz dieser goldgemaserten Knöpfe erinnern an ein Renaissancemotiv.

Silbernes Blattdekor
Reichverziert und dennoch dezent, harmonisieren diese Silberknöpfe im Stil des Jugendstils mit dem schweren üppigen Brokat.

Blaue Schnurknöpfe
Die perlenbesetzten schnurartigen Windungen betonen mit ihrer schimmernden Oberfläche die kräftige Struktur und das Muster des Stoffes.

Klassische Knöpfe für den Tag
Die schlichte Eleganz dieser klassischen goldgeränderten Knöpfe würde gut zu einem Jackett passen.

Paisley-Knöpfe
Der grüne Kordelrand verleiht diesen Knöpfen eine kostbare Note.

Glasknöpfe mit beschichteter Rückseite
Auf schwerem Samt setzen diese Knöpfe mit ihren schillernden Farben, die an das Gefieder eines exotischen Vogels erinnern, einen auffälligen Akzent.

Baumwollsamt

Pastellfarben

Pastellfarben müssen nicht immer nur hübsch, zart und feminin wirken. Entsprechend der Wahl der Knöpfe können sie kräftig und aufregend oder auch von einer spröden Eleganz sein. Wechselt man die Knöpfe in jeder Saison, spiegelt die Garderobe stets die aktuellsten Neuheiten in der Mode wider.

Glänzende Knöpfe
Glitzerndes Glas betont die weichen Pinktöne des Stoffes.

Fliegen mit Spiegeleffekt
Bei besonderen Anlässen machen sich diese blaßgrünen Knöpfe besonders gut. Sie sind aus leichtem Nylon.

Zarte Schweizer Baumwolle

Perlmuttknöpfe aus den dreißiger Jahren
Diese schimmernden, rosagetönten Ovale wirken auf gemustertem Stoff dezent und doch faszinierend.

Knöpfe für den Tag
Blütenblätter, die aus der grünen Oberseite einer Muschel geschnitten wurden, betonen das kräftige Gelb.

Gesprenkelte Knöpfe
Glitzernder Kunststoff hat eine transparente Qualität, die gut zu leichten Stoffen paßt.

Fliegen in matten Pastelltönen
Schön für die Tagesgarderobe, wenn passend zu den verschiedenfarbenen Punkten getragen.

Kugelige Knöpfe in Perlmutt-Optik
Diese glänzenden Knöpfe betonen die Pinktöne und sind ideal für Hochzeiten.

Baumwollbatist

Leinenmix

Goldgeränderte Klassiker
Perlmuttartige Cabochons mit Goldkordelrand verleihen einem schlichten Damenkostüm einen Hauch von Eleganz.

Transparente Knöpfe mit Blumenmotiv
Bei diesen Knöpfen mit Rosa- und Grüntönen schimmert die Farbe des Stoffes durch.

Schattierte Glasknöpfe
Auffällige Knöpfe, deren Farbskala von sinnlichem Dunkelblau bis zu zartem Rosa variiert, lassen einen blassen Stoff kräftiger wirken.

Glitzernde Glasknöpfe
Um eine ungewöhnliche Wirkung zu erzielen, kann man Knöpfe verwenden, die glänzende Rosa- und Blautöne in sich vereinen.

Fischaugenknöpfe in Perlmutt-Optik
Auf Tweed sehen diese perlmuttartig schillernden, bunten Knöpfe recht gewagt aus.

Schimmernde Muscheln
Wunderschöne Knöpfe aus Naturmuscheln mit rosa und grünen Akzenten.

Grober Tweed

Schwarz und Weiß

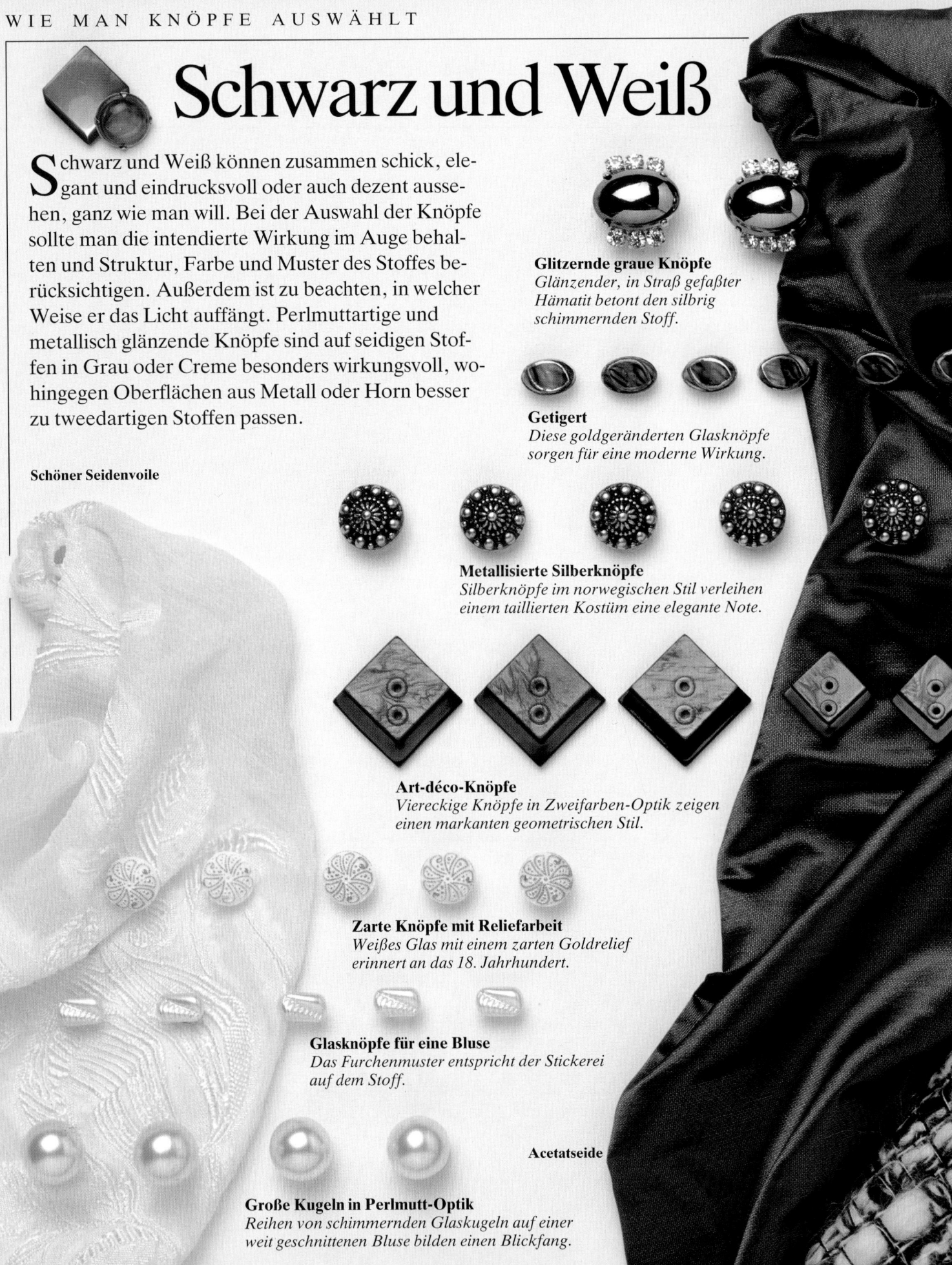

Schwarz und Weiß können zusammen schick, elegant und eindrucksvoll oder auch dezent aussehen, ganz wie man will. Bei der Auswahl der Knöpfe sollte man die intendierte Wirkung im Auge behalten und Struktur, Farbe und Muster des Stoffes berücksichtigen. Außerdem ist zu beachten, in welcher Weise er das Licht auffängt. Perlmuttartige und metallisch glänzende Knöpfe sind auf seidigen Stoffen in Grau oder Creme besonders wirkungsvoll, wohingegen Oberflächen aus Metall oder Horn besser zu tweedartigen Stoffen passen.

Schöner Seidenvoile

Glitzernde graue Knöpfe
Glänzender, in Straß gefaßter Hämatit betont den silbrig schimmernden Stoff.

Getigert
Diese goldgeränderten Glasknöpfe sorgen für eine moderne Wirkung.

Metallisierte Silberknöpfe
Silberknöpfe im norwegischen Stil verleihen einem taillierten Kostüm eine elegante Note.

Art-déco-Knöpfe
Viereckige Knöpfe in Zweifarben-Optik zeigen einen markanten geometrischen Stil.

Zarte Knöpfe mit Reliefarbeit
Weißes Glas mit einem zarten Goldrelief erinnert an das 18. Jahrhundert.

Glasknöpfe für eine Bluse
Das Furchenmuster entspricht der Stickerei auf dem Stoff.

Acetatseide

Große Kugeln in Perlmutt-Optik
Reihen von schimmernden Glaskugeln auf einer weit geschnittenen Bluse bilden einen Blickfang.

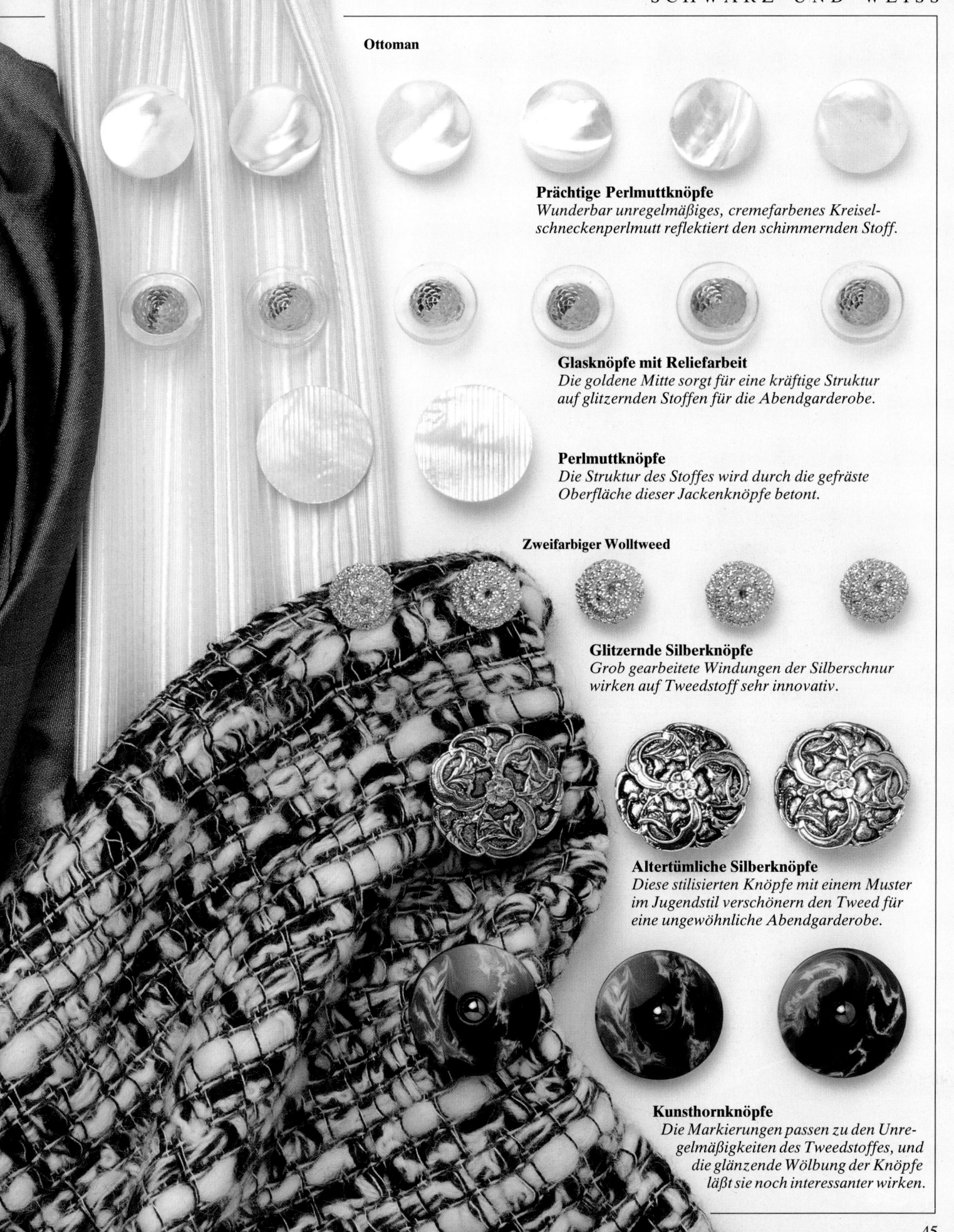

Ottoman

Prächtige Perlmuttknöpfe
Wunderbar unregelmäßiges, cremefarbenes Kreisel-schneckenperlmutt reflektiert den schimmernden Stoff.

Glasknöpfe mit Reliefarbeit
Die goldene Mitte sorgt für eine kräftige Struktur auf glitzernden Stoffen für die Abendgarderobe.

Perlmuttknöpfe
Die Struktur des Stoffes wird durch die gefräste Oberfläche dieser Jackenknöpfe betont.

Zweifarbiger Wolltweed

Glitzernde Silberknöpfe
Grob gearbeitete Windungen der Silberschnur wirken auf Tweedstoff sehr innovativ.

Altertümliche Silberknöpfe
Diese stilisierten Knöpfe mit einem Muster im Jugendstil verschönern den Tweed für eine ungewöhnliche Abendgarderobe.

Kunsthornknöpfe
Die Markierungen passen zu den Unregelmäßigkeiten des Tweedstoffes, und die glänzende Wölbung der Knöpfe läßt sie noch interessanter wirken.

Gemusterte Stoffe

Obwohl ein klassischer einfarbiger Knopf auf gemusterten Stoffen schick aussehen kann, sollte man sich nicht nur in Ermangelung eines besseren Einfalls für diese Lösung entscheiden. Phantasievoll ausgesuchte, modische Knöpfe können ein selbstgemachtes Kleidungsstück in echte Designermode verwandeln. Sehen Sie sich die Formen und Motive des Stoffes gut an und überlegen Sie, welche Farben Sie betonen möchten.

Achteckiger Knopf
Eine wunderbare Detailarbeit in Mattgold verleiht diesem geometrisch gemusterten Holzknopf ein exotisches Flair.

Abstrakte Knöpfe
Diese Knöpfe werden zuerst mit roter und goldfarbener, farbechter Tusche bedruckt. Anschließend färbt man sie marineblau und setzt sie auf einen Untergrund aus Metall.

Feinwolle

Plexiglasknöpfe
Durch den geschickten Zuschnitt des Plexiglases wirkt das geometrische Muster dreidimensional.

Op-Art-Knöpfe
Leuchtendrote Knöpfe in Form einer Zielscheibe betonen einen gepunkteten Leinenstoff.

Klassische Knöpfe
Auf Leinen strahlen diese Nylonknöpfe mit abgeschrägten Ecken und eingelegtem Goldring eine gewisse Frische aus.

Leinenmix

Formknöpfe
Eine Reihe von Knöpfen in unterschiedlichen Formen und reinen hellen Farben wirkt sehr modern.

Knöpfe mit Schachbrettmuster
Diese rot-weiß-gemusterten Knöpfe entsprechen der Webart des Stoffes. Zur Erzeugung des Schachbretteffektes werden sie zunächst schwarz gefärbt, dann geschnitten und anschließend rot gefärbt.

Mischung aus Baumwolle und Kunstseide

Holzknöpfe
Diese bemalten Knöpfe im Stil der dreißiger Jahre passen zu kostbarer Abendgarderobe.

Bienenknöpfe
Fein gestaltete, goldene Bienen, auf Perlmutt gesetzt und von klarem Polyester umhüllt, ergeben ungewöhnliche und elegante Hemdknöpfe.

Bebänderte Rosenknöpfe
Eine einzelne Reihe dieser hübschen bebänderten Knöpfe in Rosenform sieht auf einem Kinderkleid mit Blumenmuster ausgezeichnet aus.

Blaue Glasknöpfe
Die blauen Glasknöpfe, die mit stilisierten Goldblumen verziert sind, wirken feminin und nostalgisch.

Paperweights
Die Rosen, die in diesen Glasknöpfen eingeschlossen sind, betonen das Blumenmuster des Stoffes.

Baumwollbatist

Emaillierte Knöpfe
Diese auffälligen Knöpfe in Blütenform, die das Blumenmotiv betonen, sind ideal für besondere Anlässe.

Quadratische schwarze Knöpfe
Betonen Sie bei einer korrekten Tagesgarderobe ein bestimmtes Merkmal des Stoffes mit leichten, facettierten Knöpfen in Jet-Optik.

Crêpe de Chine

Blumenknöpfe
Diese meergrünen Blumenknöpfe aus den vierziger Jahren passen zu den weniger dominierenden Farben des Stoffes.

Millefiori-Knöpfe
Das komplizierte Design dieser Millefiori-Knöpfe (wörtlich: tausend Blumen) verschmilzt harmonisch mit dem großformatigen Blumenmuster des Stoffes.

Viskose

Handbemalte Knöpfe
Orangefarbene Glasknöpfe mit handgemalten Blütenmustern nehmen das Blumenmotiv wieder auf.

Strickgarne

Bei der Auswahl von Knöpfen für ein bestimmtes Strickgarn ist es in jedem Fall ratsam, zuvor ein kleines Muster zu stricken, da sich jeder Faden anders verarbeiten läßt. Strukturen und Muster werden deutlich, und man erkennt, ob bestimmte Farben stärker hervortreten als erwartet. Verwenden Sie Knöpfe, die der Stärke des Garns entsprechen, obwohl die Knopfleiste so gestaltet werden kann, daß sie unterschiedlichen Größen gerecht wird.

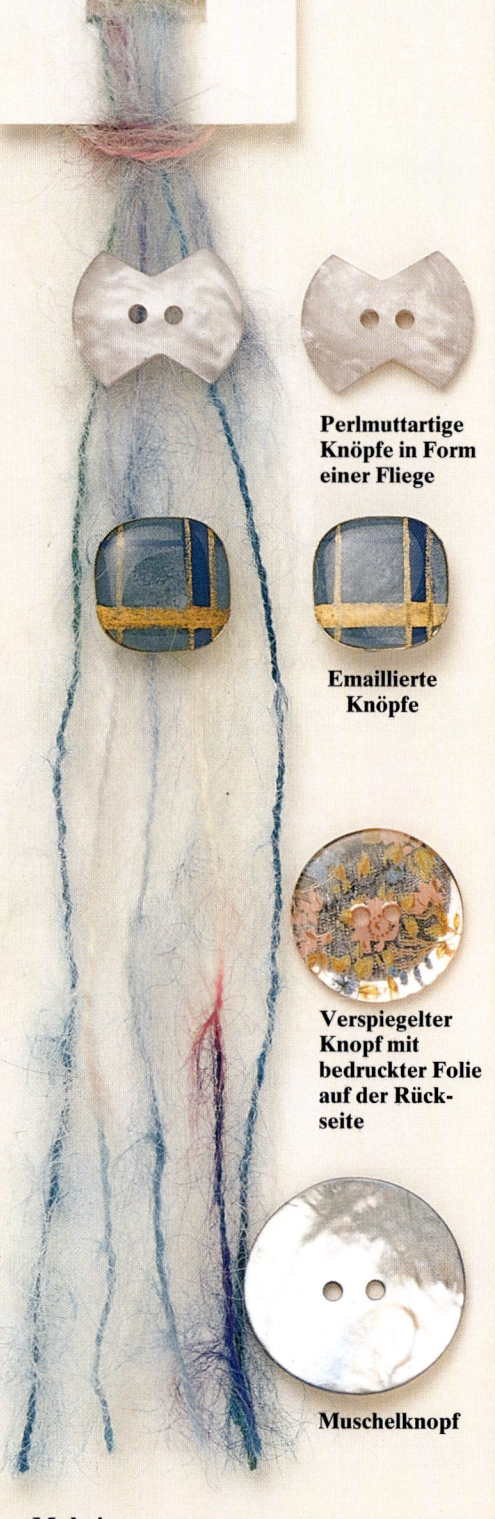

Perlmuttartige Knöpfe in Form einer Fliege

Emaillierte Knöpfe

Verspiegelter Knopf mit bedruckter Folie auf der Rückseite

Muschelknopf

Knöpfe aus gefärbtem klarem Nylon

Knopf aus Abalone-Schale

Metallknopf im Stil des Jugendstils

Polyester-Knebelknopf mit dem Aussehen von gesprungenem Elfenbein

Mehrfarbige Straßsteine in Goldfassung

Vierecke aus geschnittenem Perlmutt (dreißiger Jahre)

Baumwolle

Aus diesem Material kann man Kleidungsstücke mit schlichtem Muster, mit Zopfmuster oder detailfreudigem Design stricken. Daher sollten Sie entweder einen einfachen, farblich passenden Knopf wählen oder zur Komplementierung des Musters ein dekorativeres Exemplar.

Seide

Verarbeitetes Seidengarn hat eine glatte, glänzende Struktur. Wie in obigem Beispiel ergeben sich durch ungleichmäßiges Einfärben leuchtende Farbtupfen. Perlmutt rundet den Glanz harmonisch ab, während ein strukturierter, cremefarbener Knopf schick und glitzernder Straß elegant aussehen kann.

Mohair

Je nach Auswahl der Knöpfe kann Mohair schick und feminin wirken oder warm und gemütlich. Er läßt sich zu einem flauschigen, lockeren Gewebe verarbeiten, das fest genug ist, um recht große Knöpfe zu vertragen.

Irisierende Glasknöpfe

Gefärbte Holzknebelknöpfe

Knebelknopf aus den dreißiger Jahren mit eingeschnittenem Blattmuster an den Enden

Gewölbte eingefärbte Muschelknöpfe

Handgemachte Knöpfe aus Modellierton

Geschnittene Perlknöpfe (natürliche Färbung)

Zweifach gefärbter Nylonknopf mit matter Oberfläche

Rundlich gewölbter, handbemalter Holzknopf mit Farbtupfen

Gefärbtes und gebranntes Kasein wirkt sehr natürlich

In Altgold eingefaßter Samt

Irisierendes Glas mit Struktur

Art-déco-Knopf in einer frühen Kunststoffart

Chenille

Chenille, die schwer ist und sich für weiche fließende Stilrichtungen eignet, ergibt bei der Verarbeitung ein recht locker gestricktes Kleidungsstück. Ihre kostbare, samtige Struktur ist ideal für die Abendgarderobe, bei der aufregende Knöpfe mit wunderbarer Wirkung eingesetzt werden können.

Shetlandwolle

Dieses vielseitig verwendbare Shetlandwollgarn, das mit winzigen farbigen Punkten durchsetzt ist, ergibt nach der Verarbeitung eine sehr feste Struktur. Kleidungsstücke unterschiedlichster Machart erhalten durch kreativ ausgewählte Knöpfe noch zusätzlich eine besondere Note.

Handgesponnene Schafwolle

Aus diesem dicken, kräftigen, handgesponnenen Wollgarn lassen sich große, natürlich wirkende und auffällige Kleidungsstücke stricken. Wählen Sie Knöpfe aus, die die robuste Wirkung betonen oder die harmonisch mit dem mehrfarbigen, gedrehten Garn verschmelzen.

Mit anderem Gesicht

Mit besonderen Knöpfen kann ein Kleidungsstück einen neuen Stil und Charakter bekommen. Dieses Kapitel untersucht, wie sich Alltagskleidung, zum Beispiel das klassische weiße Hemd, Strickwaren und Kinderkleidung, durch phantasievoll eingesetzte dekorative Knöpfe verjüngen und auf den neuesten Stand der Mode bringen lassen.

Blazer

Knöpfe können einem klassischen Blazer sowohl für die Alltags-als auch für die Abendgarderobe ein völlig neues Aussehen verleihen, wenn man sie auf sämtliche Elemente der Kleidung abstimmt, einschließlich Schmuck und Schuhe. Obwohl zur Abendgarderobe eher ein schwarzer Blazer gehört, können die entsprechenden Knöpfe auch einen hellen Blazer um die notwendige Raffinesse bereichern. Wenn Sie sich wirklich abwechslungsreich kleiden wollen, sollten Sie die Knöpfe für unterschiedliche Anlässe wechseln.

**Blazer mit
Originalknöpfen**

**GESTALTUNGSMÖGLICHKEITEN
FÜR EINEN HELLEN BLAZER**

**GESTALTUNGSMÖGLICHKEITEN
FÜR EINEN DUNKLEN BLAZER**

Hornknöpfe
Knöpfe von Geweihspitzen variieren in Form und Farbe. Sie sind ideal für eine natürliche, lässige Freizeitkleidung. Hier passen sie sich harmonisch dem neutralen Farbton des Blazers an.

Zwanziger Jahre
Mit diesen kunstvoll verzierten, reliefgeschmückten und emaillierten Knöpfen paßt Ihr Blazer zu einer nostalgisch angehauchten Abendgarderobe, die mit gemustertem Chiffon, Samt oder Seide komplettiert wird.

Umgekehrte Knöpfe
Die ungewöhnliche Zeichnung auf diesen eleganten, natürlich wirkenden Knöpfen, bei denen die Außenseite der Muschel vorn getragen wird, bildet sich beim Färben der Knöpfe auf der Muschelschale.

Dekorative indische Knöpfe
In Harz eingelassene Perlen und Glasstückchen verleihen diesen Knöpfen einen glitzernden Ethno-Look. Sie passen gut zu leuchtenden Farben und reichlich Schmuck.

Gravierte Perlmuttknöpfe
Diese chinesisch anmutenden, kunstvoll gravierten Knöpfe aus Perlmutt der Tahitimuschel verleihen jedem Kleidungsstück einen Hauch von Exotik. Die Wirkung wird durch eine blütenförmige Perlmutt-brosche in ähnlicher Farbe noch verstärkt, die aus einem großen Knopf gefertigt wurde (Anleitung siehe unten).

VOM KNOPF ZUR BROSCHE

Ein großer dekorativer Knopf mit Knopfstiel läßt sich leicht in eine eindrucksvolle Brosche verwandeln. Mit Hilfe einer Krawattennadel können Sie den Knopf sicher befestigen, ohne ihn ständig umzumodeln oder ihn zu beschädigen.

1 Legen Sie den Knopf auf eine flache Oberfläche. Schieben Sie die Krawattenna-del so weit wie möglich durch den Knopfstiel. Probieren Sie Krawattennadeln unterschied-licher Größe aus, um sicherzu-gehen, daß der Knopf flach aufliegt, nachdem er ange-bracht wurde.

2 Legen Sie den Knopf auf das Kleidungsstück und stechen Sie die Nadel durch den Stoff – erst nach innen, dann wieder nach außen und erneut nach innen. Überprü-fen Sie, ob die Nadel noch immer so weit wie möglich durch den Knopfstiel gescho-ben ist.

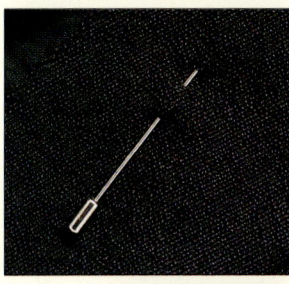

3 Zum Schluß befestigen Sie die Kappe auf der Nadelspitze, und zwar auf der Innenseite des Stoffes, damit man sie nicht sieht. Überzeu-gen Sie sich davon, daß der Knopf flach auf dem Stoff aufliegt und schieben Sie ihn, falls notwendig, ein wenig zurecht.

Hemden

Mit einer neuen Knopfgarnitur kann man einem klassischen schlichten Hemd im Nu einen individuellen Charakter verleihen. Tagsüber können kontrastreiche Farben oder ungewöhnlich geformte Knöpfe eine neuartige Wirkung verbreiten, während sich das gleiche Hemd mit den entsprechenden Knöpfen für eine elegante Abendgarderobe empfiehlt. Sie können sogar die Gesamtwirkung Ihrer Kleidung innerhalb weniger Sekunden verändern, wenn Sie sich an die einfache Anleitung auf der folgenden Seite halten. Mit dieser Methode läßt sich das Hemd auch beidseitig knöpfen.

Hemd mit Originalknöpfen

Perlmuttknöpfe
Verschiedenfarbige Perlmutt-knöpfe bieten tagsüber eine willkommene Abwechslung zum klassischen Hemdknopf mit vier Löchern.

Knöpfe in Fliegenform
Dieser perlmuttartige Knopf in Form einer Fliege ist amüsant und wirkt elegant, aber lässig, besonders wenn man als I-Tüpfelchen dazu eine echte Fliege trägt.

Knöpfe für besondere Anlässe
Richtiggehend ausgefallene Knöpfe kann man tagsüber und abends tragen. Diese Metallmaske wäre ideal für einen Theaterbesuch. Wählen Sie jeweils passende Knöpfe.

Abendlicher Glanz
*Sie können eine elegante Wirkung ganz
einfach dadurch erzielen, daß Sie eine
Garnitur von glitzernden Kristallglas-
knöpfen auf einem klassischen Hemd
tragen. So wird aus einem alltäglichen
Hemd eine ideale Abendbekleidung.
Französischer Jet wäre ebenso
geeignet.*

KNÖPFE ›AM LAU-FENDEN BAND‹

Mit dieser raffinierten
Methode können Sie pro-
blemlos verschiedene
Knöpfe einsetzen und so
den Stil eines Kleidungs-
stückes mit einem Mini-
mum an Aufwand und
Näharbeit so oft variieren,
wie Sie wollen. Zunächst
entfernen Sie die vorhan-
denen Knöpfe und erset-
zen sie durch eine zweite
Reihe von Knopflöchern,
die genau gegenüber den
Originallöchern liegt.

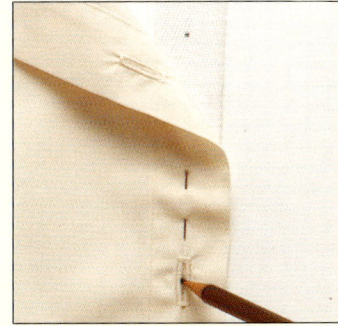

1 Schneiden Sie ein Stück
Stoffband zurecht. Nä-
hen Sie die Enden um. Stek-
ken Sie das Band mit Nadeln
unterhalb der Leiste fest;
markieren Sie die Position
der Knöpfe durch die Löcher
hindurch.

2 Entfernen Sie das Band
und nähen Sie die Knöp-
fe auf. (Auf diese Weise
können Sie so viele Knopf-
bänder anfertigen wie Sie
wollen, und zwar sowohl für
die Hemdbrust als auch für
die Manschetten.)

3 Befestigen Sie das
Knopfband auf einer der
beiden Knopflochseiten, je
nachdem, ob Sie sich für den
Damen- oder Herrenstil
entscheiden. Dann wie ge-
wohnt zuknöpfen.

Strickwaren

Strickjacken mit Originalknöpfen

B ei der Auswahl von Knöpfen für handgestrickte und im Laden gekaufte, maschinengestrickte Wollsachen sind verschiedene Kriterien ausschlaggebend. Bei der Knopfwahl für schlichte Strickwaren aus dem Handel muß lediglich die Größe der vorhandenen Knopflöcher berücksichtigt werden; die Knöpfe können auf vorhandene Accessoires abgestimmt werden und so dekorativ sein, wie es Ihnen gefällt. Handgestricktes bietet die Gelegenheit, unterschiedlich große Knöpfe passend zu komplizierten Mustern und Strukturen auszuwählen.

MASCHINENGESTRICKTE JACKE

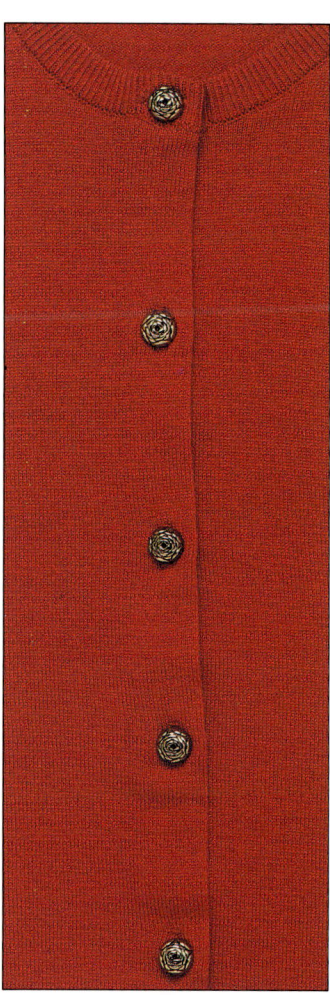

HANDGESTRICKTE JACKE

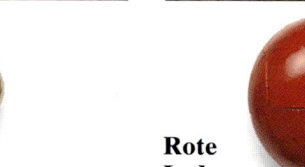
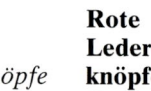

Glas-Millefiori
Dieser aufregende Millefiori-Knopf, der nach dem traditionellen venezianischen Verfahren hergestellt wurde, würde tagsüber gut zu einem schlichten schwarzen Rock aussehen. Abends empfiehlt sich dazu schwarzer Samt oder Satin.

Goldene Rosen
Zarte, vergoldete Kugelknöpfe aus Nylon wie diese kann man tagsüber und abends tragen; sie wirken stets elegant. Darüber hinaus sind sie so leicht, daß sie auch auf sehr feiner Wolle gut sitzen.

Rote Lederknöpfe
Traditionelle große Knöpfe im sogenannten Aran-Stil, mit glänzendem Leder überzogen, bilden eine faszinierende Abwechslung zum Muster der Jacke und verleihen eine wärmere Ausstrahlung.

Filigranknöpfe
Diese gewölbten, fein verzierten silbernen Filigranknöpfe greifen das kunstvoll strukturierte Muster der Aran-Strickjacke wieder auf und lassen es schikker und femininer wirken.

Kreative Knöpfe
Mit übriggebliebenen Woll-resten können Sie ihre eigenen Knöpfe passend oder als Kontrast zu ihrer Lieblings-strickerei gestalten.

KREATIVE KNÖPFE

Wer erst einmal die Grundtechniken erlernt hat, die zur Bearbeitung eines Knopfgerippes (in zwei Größen erhält-lich) erforderlich sind, kann seiner Phantasie freien Lauf lassen, denn die Gestaltungsmöglichkeiten sind schier grenzenlos.

1 Fädeln Sie einen Faden durch eine Stopfnadel und ziehen Sie ihn durch die Mitte des Knopfes, wobei ein langes Stück Faden auf der Unterseite verbleiben soll. Danach schlin-gen Sie den Faden, immer von der Mitte ausgehend, um den inneren Rand herum, so daß sich eine Sternform ergibt.

2 Nehmen Sie eine zweite Farbe und beginnen Sie diesmal am äußeren Rand. Wieder lassen Sie ein langes Stück Faden auf der Untersei-te. Arbeiten Sie sich den Rand entlang um den ganzen Stern herum.

3 Nun fädeln Sie einen Fa-den in einer dritten Farbe von hinten durch die Mitte, machen einen lockeren Knoten und ziehen den Faden wieder durch die Mitte nach unten. Kräftig ziehen, damit der Kno-ten fest wird. Verknoten Sie die losen Enden, schneiden Sie sie kurz und vernähen Sie sie.

Knöpfe und Schnitte

Wenn man ein Kleid näht, wird man sich normalerweise zuerst überlegen, welchen Stoff und welchen Stil man bevorzugt. Dennoch kann auch eine besonders schöne oder ungewöhnliche Knopfgarnitur das Design des Kleidungsstückes diktieren, das Sie anfertigen wollen. Die vier hier vorgestellten Ausführungen sind zwar aus demselben Material, haben jedoch einen ganz unterschiedlichen Schnitt, und man sieht, wie verschiedene Knöpfe nach verschiedenen Stilen verlangen, von taillierten oder geometrischen Oberteilen über enganliegende Abendkleidung bis hin zu einer femininen Bluse.

Tailliert
Schicke, vornehme Knöpfe betonen auf natürliche Weise die klaren Linien dieses kühlen und eleganten, doppelt geknöpften Oberteils. Das klassisch-schlichte Design der alten Goldknöpfe mit einem Dekor aus verflochtenen Kordeln um den Rand ergänzt diese Wirkung ideal.

Geometrisch
Glänzende Blechdreiecke lassen an ein funktionales Outfit im futuristischen Stil oder an die Livree eines Hotelpagen denken, zumal sie hier wie auf eine Uniform aufgenäht sind. Andere auffällige geometrische Formen und große Messingknöpfe im militärischen Stil wären ebenso passend.

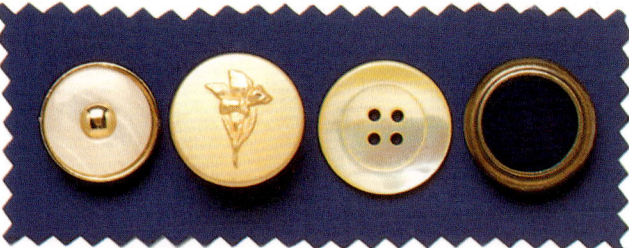

Andere Alternativen
Perlmutt und vergoldetes Metall; glänzendes, vergoldetes Metall; Perlmutt; emaillierte Mitte mit Messingrand.

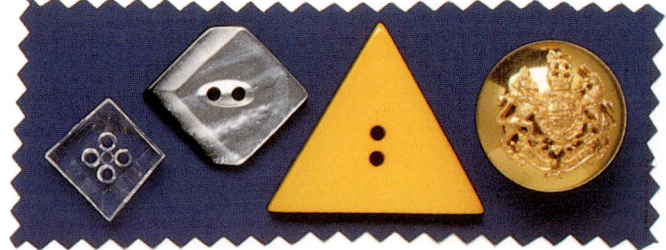

Andere Alternativen
Viereckiges Plexiglas; Plastikwürfel; Kaseindreieck; wappenverziertes Messing.

SCHWERE KNÖPFE

Mit Unterlegknöpfen und einer verstärkten Knopfleiste ist es möglich, auf leichte Stoffe schwere Knöpfe aufzunähen. Die von Schneidern häufig verwendeten Unterlegknöpfe verhindern das Ausreißen des Stoffes, indem sie das Gewicht des Knopfes tragen. Sie sind auch gut für Leder geeignet.

1 Verstärken Sie die Knopfleiste, indem Sie auf die Rückseite eine Unterlage aufbügeln. Nähen Sie die Unterlage mit der Maschine an.

2 Nun drehen Sie das Ganze um und bügeln. Schlagen Sie die Knopflochleiste um und markieren Sie, wo die Knöpfe hinkommen.

3 Nähen Sie die Knöpfe an, indem Sie durch den Stoff hindurchnähen und sie an einem Unterlegknopf auf der Rückseite befestigen.

Abendkleidung
Eine lange Reihe großer irisierender Glasknöpfe mit facettierter Rückseite sieht auf einer Abendgarderobe für besondere Anlässe aufregend aus. Obwohl die Knöpfe für leichte Stoffe recht schwer sind, können sie mit Unterlegknöpfen befestigt werden, die ein Verziehen des Stoffes verhindern (siehe oben).

Feminine Bluse
Diese zarten, durchbrochenen Perlmuttknöpfe in Blütenform suggerieren einen weichen femininen Stil. Die Blütenblätter greifen die wellenartige Linie des Halsausschnitts und der Knopfleiste auf, eine Wirkung, die noch zusätzlich durch den Farbkontrast zwischen Knöpfen und Stoff betont wird.

Andere Alternativen
Straßbesetzte Blume; Edelsteinknopf; lüstriertes Glas; Straß in strukturiertem vergoldetem Metall.

Andere Alternativen
Millefiori-Glas; irisierendes Glasherz; Rose aus goldfarbenem Maschenwerk; »Paperweight« aus Glas.

Kinderkleidung, die Spaß macht

Leuchtendbunte modische Knöpfe eignen sich wunderbar dazu, Kinderkleidung lebendiger zu gestalten. Mit großen faszinierenden Formen wie niedlichen Teddybären und knallgrünen Fröschen können Sie das Dekorative mit dem Praktischen verbinden, denn Kinder lernen viel lieber, wie man Kleidungsstücke zuknöpft, wenn die Knöpfe hübsch sind. Vermeiden Sie jedoch in jedem Fall scharfe, spitze Knöpfe und Knöpfe aus Glas, die gefährlich sein können, wenn sie zerbrechen oder die Kinder sie in den Mund stecken.

Tierstrampler
Große gelbe Teddybären halten diesen leuchtendroten Strampler zusammen, während im Taillenbereich bunte Fische schwimmen und ein ganzer Zug von Tieren den halbrunden Saum markiert.

T-Shirt mit bunter Uhr
Zu einem T-Shirt paßt ein einfaches Design, so wie diese Uhr, die sich aus leuchtenden Ziffern und winzigen Händen zusammensetzt. Das Motiv wird von den beiden Stoppuhren auf der Schulter wieder aufgenommen.

Garnitur aus Mütze und Handschuhen

Mit Handschuhknöpfen in unterschiedlichen Farben lernt Ihr Kind schneller, rechts und links zu unterscheiden. Achten Sie darauf, daß die Knöpfe sicher befestigt sind, damit das Kind sie nicht abbeißen kann.

AUFNÄHEN VON KNEBELKNÖPFEN

Knebelknöpfe sind leicht zu befestigen und bei Kindern sehr beliebt. Sie brauchen lediglich Holzknebel, glatte Schnur und Baumwolleinen in leuchtenden Primärfarben, und jedes Kind wird mit Freude versuchen, die Knebel selbst zu knöpfen.

1 Sie schneiden ein Dreieck aus dem Baumwollleinen, schlagen die Ränder um und nähen sie mit Heftstich fest. Dann legen Sie ein Stück Kordel in einer kontrastierenden Farbe um einen Knebel und nähen mit Kreuzstich die Kordel entlang.

2 Sie legen den Knebelknopf auf die Jacke und befestigen ihn, indem Sie über das Kordelende nähen.

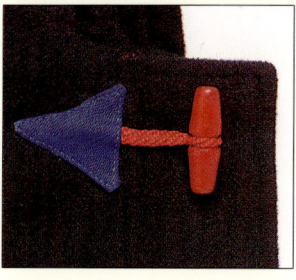

3 Setzen Sie das Dreieck auf eben dieses Kordelende und nähen Sie mit der Maschine einmal um den Rand. Entfernen Sie den Heftstich. Die gleichen Schritte gelten für die Schlaufen auf der gegenüberliegenden Seite. Achten Sie darauf, daß die Schlaufe groß genug ist.

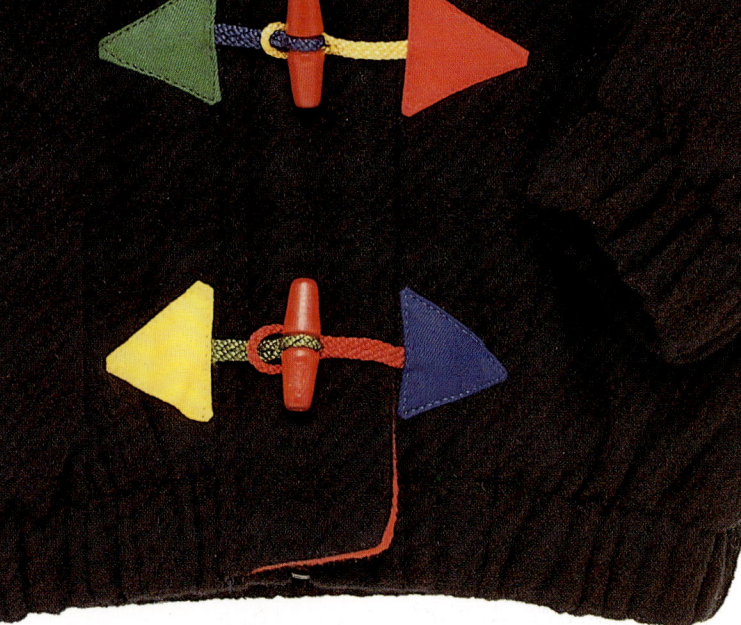

Farbenfroher Dufflecoat

Machen Sie einen marineblauen Dufflecoat zum Blickfang, indem Sie ihn mit leuchtendroten Knebelknöpfen verzieren, die mit verschiedenfarbigen Kordeln und Stoffdreiecken befestigt sind. Falls Sie keine roten Knebel bekommen können, nehmen Sie naturfarbene Holzknebel, die Sie mit mehreren Schichten ungiftiger roter Holzfarbe bestreichen.

Knöpfe
und Verschlüsse
selbst gemacht

*In fotografischen Abbildungen wird Schritt für Schritt
vorgeführt, wie man dekorative, handgemachte
Knopflöcher und Verschlüsse herstellt, stoffbezogene
Knöpfe fertigt oder bunte originelle
Knöpfe aus Ton
modelliert.*

Handverzierte Knopflöcher

Handgearbeitete oder -verzierte Knopflöcher verleihen jedem Kleidungsstück einen professionellen Anstrich. Außerdem sind sie, entgegen der landläufigen Meinung, problemlos herzustellen. Wenn man erst einmal die Grundtechniken beherrscht, lernt man leicht, wie man sie dekorativer gestaltet oder sogar das Knopfloch selbst zum Dekor werden läßt. Bei gestrickten Knopflöchern kann man unter Verwendung von dickem Stickgarn ebenso vorgehen wie hier dargestellt.

UMNÄHTES KNOPFLOCH

Umnähte Knopflöcher lassen Jacken, Mäntel oder Kostüme wie maßgeschneidert wirken. Da nur auf der Innenseite des Kleidungsstückes mit der Hand genäht werden muß, läßt sich mit dieser Methode ein ordentliches Knopfloch fertigen. Variieren Sie die Wirkung, indem Sie das Einsatzstück, wie hier gezeigt, verkehrt herum einsetzen oder dafür eine andere Farbe nehmen, die sich an Aufschlag und Manschetten wiederholt. Vor dem Zusammennähen des Kleidungsstückes anfertigen.

1 Markieren Sie die Länge des Knopfes auf der Vorderseite der unterlegten Knopfleiste. Befestigen Sie mit Heftstich ein Stoffstück genau über der Markierungslinie, und zwar mit der falschen Seite nach oben. Das Stoffstück ist mindestens 4 cm breiter als das Knopfloch, je nach Stoffbeschaffenheit.

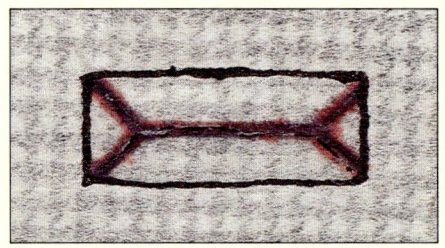

2 Auf der unterlegten Innenseite nähen Sie mit der Maschine ein Rechteck in kleinen festen Stichen um die Markierungslinie und verstärken besonders die Ecken. Machen Sie innerhalb des Rechtecks eine Markierung (siehe oben) und schneiden Sie entlang dieser Linien.

3 Ziehen Sie das Stoffstück durch den Schlitz auf die Innenseite. Drücken Sie den Stoff auf allen Seiten vom Loch weg (es liegt nicht ganz flach auf).

4 Formen Sie den oberen Knopflochrand, indem Sie eine der Längsseiten in die Mitte rollen und mit Stichen in die Nahtverbindung festnähen. Verfahren Sie ebenso mit dem unteren Knopflochrand, so daß beide in der Mitte zusammenstoßen. Fest zusammendrücken.

5 Drücken Sie auf der Innenseite die Falten, die durch das Formen der Ränder entstanden sind, glatt. Nähen Sie die Falten an beiden Enden des Knopfloches mit mehreren Stichen zusammen.

6 Halten Sie die Ränder auf der Vorderseite mit Heftstichen zusammen, und zwar bis zur Fertigstellung des Kleidungsstücks. Auf diese Weise verhindern Sie, daß das Knopfloch sich verzieht.

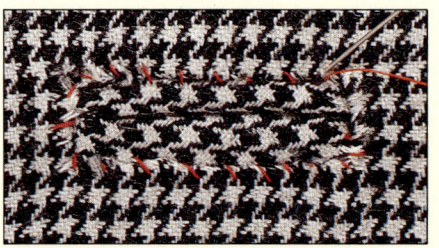

7 Machen Sie das Knopfloch auf der Innenseite fertig, sobald das Futter eingenäht ist. Bei leicht fransendem und dickem Stoff schneidet man das Futter wie in Schritt 2. (Bei dünnen und festen Stoffen reicht ein einfacher Schlitz.) Die Bänder nach innen rollen und säumen.

8 Wenn das Kleidungsstück fertig ist, entfernen Sie die Heftstiche von der Vorderseite des Knopfloches und bügeln es flach.

HANDGENÄHTES KNOPFLOCH

Mit der hier vorgestellten Methode kann man Herrenanzügen ein teures, maßgeschneidertes Aussehen verleihen. Bei einer Bluse oder einem Kleid ist der Knopflochschlitz gerade, und es ist keine Gimpe erforderlich. Verwenden Sie Knopflochgarn oder Zwirn, der etwas blasser ist als der Stoff; in verarbeitetem Zustand wirkt er nämlich dunkler.

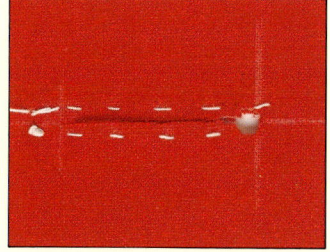 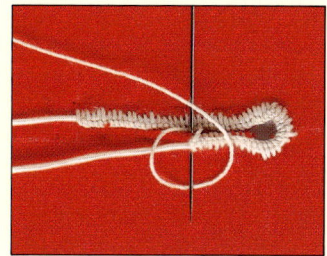 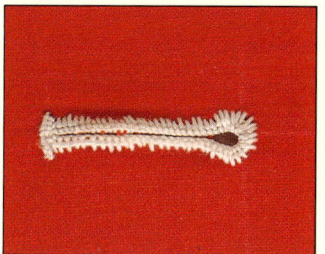

1 Markieren Sie die Position und die Länge des Knopfloches auf der rechten Seite des unterlegten Kleidungsstückes und schneiden Sie den Stoff entsprechend ein. (Sie können das runde Ende mit einem Locher stanzen.)

2 Nehmen Sie genügend Faden für das ganze Knopfloch und arbeiten Sie sich mit Einfaßstich einmal herum. Die Gimpe, falls verwendet, übernähen.

3 Machen Sie quer über das gerade Ende mit drei bis vier Stichen nebeneinander einen kleinen Riegel; darüber Einfaßstiche. Zum Schluß machen Sie einen ordentlichen Knoten auf der Innenseite und vernähen den Faden.

ROSE UND BLÄTTER

Einfache Nylonknöpfe in Rosenform und phantasievoll bestickte Knopflöcher in Blattform sind auf einer Bluse ein reizvolles Dekor. Knöpfe und Stickerei können in einer endlosen Vielfalt von Mustern und Formen auf dezente oder auffällige Weise eingesetzt werden. Wenn man eine starke Wirkung erzielen möchte, sollte man Wolle auf dicken Stoffen verwenden. Das nebenstehende Beispiel zeigt Stickgarn, das mit Steppstich in Satin verarbeitet wird.

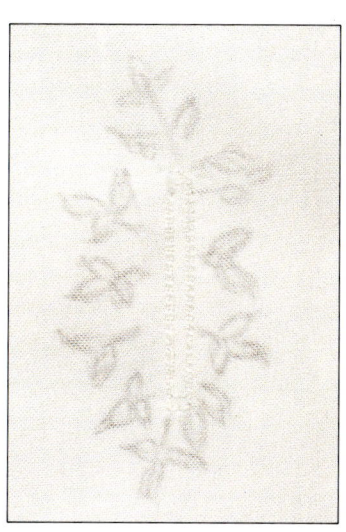  

1 Zunächst messen Sie auf der Vorderseite den Schlitz ab und nähen mit der Maschine um ihn herum. Zeichnen Sie schwach die Blattstiele und Blätter auf. Schneiden Sie den Schlitz.

2 Nähen Sie mit Knopflochstich um den Schlitz, wobei Sie die Blätter und Stiele nacheinander mitsticken. Gehen Sie vor jedem neuen Knopflochstich immer zurück auf die linke Seite.

3 Zum Schluß machen Sie auf der Innenseite einen ordentlichen Knoten und vernähen den Faden. Überprüfen Sie das Endergebnis zusammen mit dem Knopf.

KATZE AUF MATRATZE

Diese hübsche Kombination aus einem umgedrehten umnähten Knopfloch und einem Knopf in Katzenform ist ideal für einen Kinderwintermantel. Sie können auch andere Möglichkeiten ausprobieren und Ihrer Phantasie freien Lauf lassen, damit das Einsatzstück als passender Hintergrund zu den jeweiligen Knöpfen erscheint.

1 Legen Sie ein Stück Borte über die Markierung des Knopflochs auf der Innenseite. Mit der Maschine rechteckig umnähen. Schlitz einschneiden, Enden der Borte ausfransen.

2 Borte durchziehen. Flach bügeln. Den Rand der Borte entlangnähen und die Streifen einsticken. Die Enden des Knopflochs auf der Innenseite übernähen.

3 Nähen Sie den Knopf auf einen Unterlegknopf auf der Innenseite, um zu verhindern, daß der Stoff sich verzieht.

Farbenfrohe Tonknöpfe

Machen Sie sich Ihre eigenen individuellen und leuchtendbunten Knöpfe aus farbigem duroplastischem Modellierton, der in Kunstgewerbeläden angeboten wird. Der Ton wird zunächst erwärmt und geknetet, damit er geschmeidig wird. Zum Ausrollen des Tons brauchen Sie eine glatte Oberfläche und eine Nudelrolle aus Marmor oder Porzellan, selbst eine Flasche tut ihre Dienste (der Ton bleibt an Holz haften). Beim Brennen Ihrer Arbeiten sollten Sie sich genauestens an die Angaben der Hersteller halten und Kinder nicht unbeobachtet lassen. Waschen Sie die Knöpfe mit der Hand bei 40 Grad oder entfernen Sie sie vor der Wäsche von der Kleidung.

Marmorierte Knöpfe

Wenn man zwei oder mehr Farben miteinander verknetet, ergeben sich zufällige Farbeffekte, die wunderbar zu abstrakt gemusterten Stoffen und Garnen passen. Jeder fertige Knopf sieht anders aus als der nächste, so daß sie wie handgefertigt wirken.

NÜTZLICHE UTENSILIEN

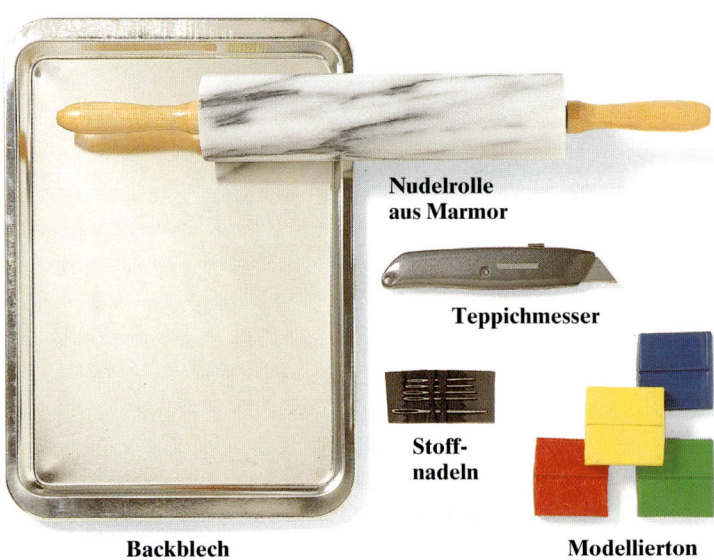

Nudelrolle aus Marmor

Teppichmesser

Stoffnadeln

Modellierton in Blöcken geliefert

Backblech

1 Erwärmen Sie unter Beachtung der Herstelleranleitung zwei oder mehr verschiedenfarbige Tonblöcke und kneten Sie sie, bis sie weich sind.

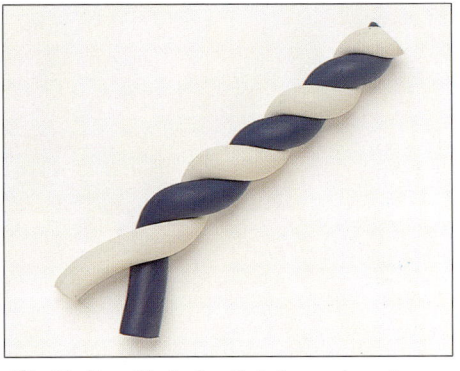

2 Rollen Sie jedes Stück zu einer langen Wurst, die möglichst gleichmäßig dick sein sollte, und drehen Sie die Würste ineinander.

3 Kneten Sie das Ganze, bis sich ein Marmormuster ergibt. Falls Sie nun noch weiter kneten, vermischen sich die Farben zu einer einheitlichen dritten Farbe.

4 Formen Sie eine lange Rolle von möglichst gleichmäßiger Dicke. Schneiden Sie sie mit einem scharfen Teppichmesser in Scheiben.

5 Die Form der Scheiben wenn nötig nachbessern, mit einer Stopfnadel Löcher hineinstechen, brennen entsprechend den Angaben des Herstellers.

MILLEFIORI-KNÖPFE

Dieses Verfahren basiert auf venezianischen Techniken der Glasherstellung. Dabei versucht man, eine Tonrolle zu formen, die über ihre gesamte Länge dasselbe Muster aufweist. Das Gelingen hängt davon ab, wie gleichmäßig der Ton gerollt wird. Am besten beginnt man mit einfachen Mustern und übt mit kleinen Mengen Ton.

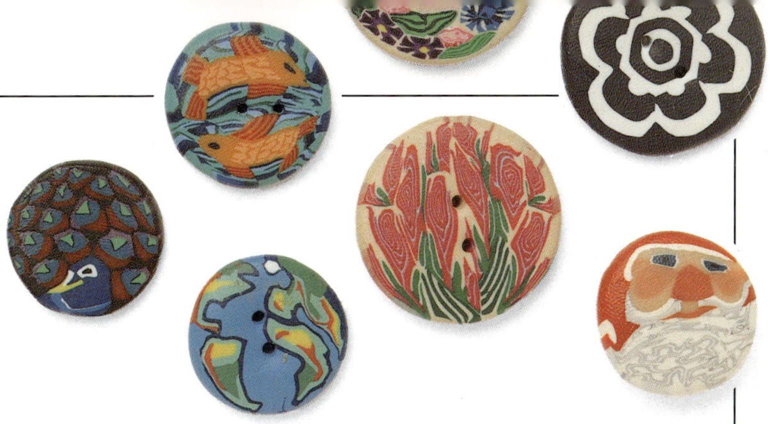

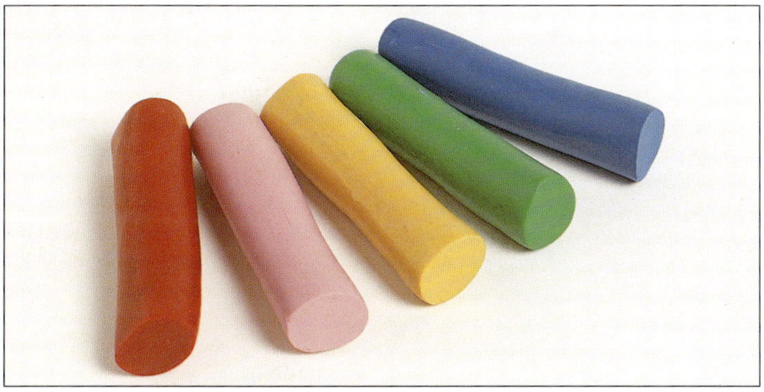

1 Bei diesem Muster brauchen Sie fünf Farben für die Innenfelder und eine dunkle Grundfarbe. Den Ton erwärmen, kneten und zu Rollen formen.

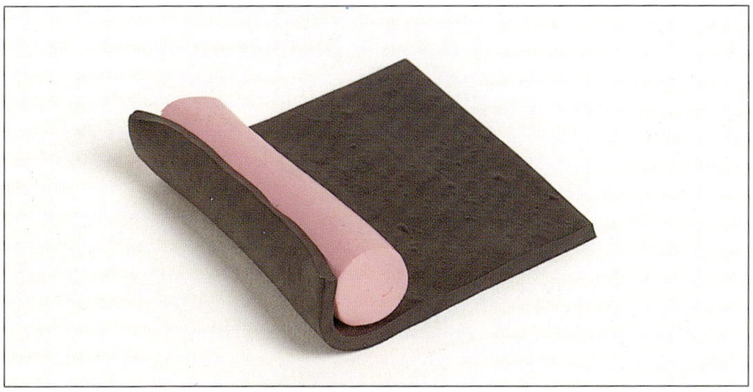

2 Ein dünnes, möglichst gleichmäßig dickes Rechteck in der Grundfarbe ausrollen. In die richtige Größe bringen und jeweils eine Schicht um jede farbige Tonrolle schlagen.

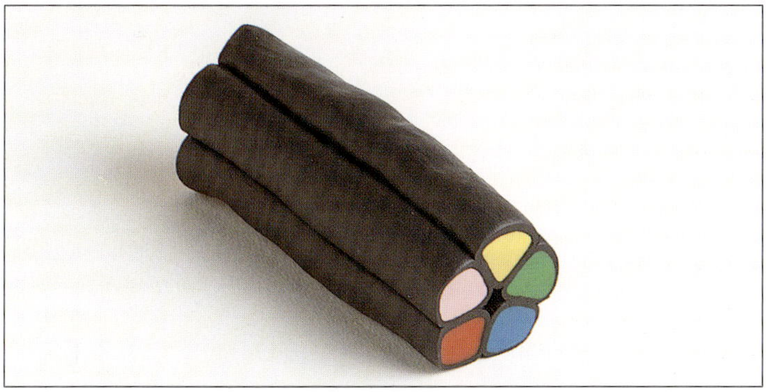

3 Die Rollen wie abgebildet aufeinanderlegen und daraus eine einzige lange, gleichmäßige Rolle formen. Diese neue Rolle in drei Stücke von gleicher Länge schneiden (oder in Scheiben schneiden, siehe Schritt 5).

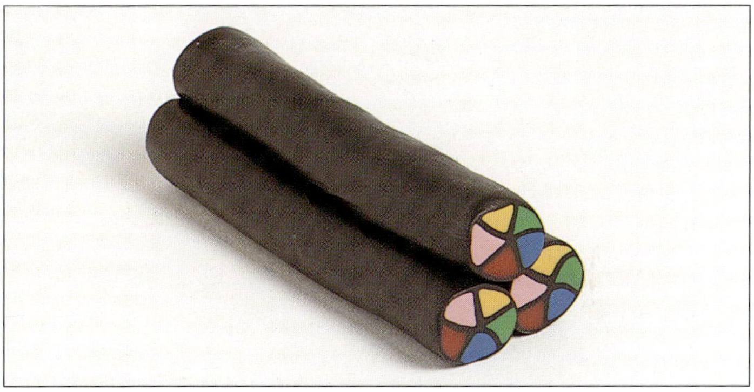

4 Die drei Stücke wie abgebildet aufeinanderlegen und erneut eine einzige lange, gleichmäßige Rolle daraus drehen. Dabei bildet sich ein komplizierteres Muster heraus.

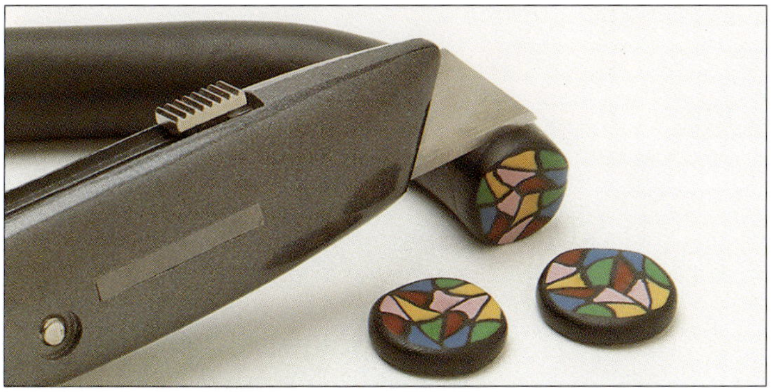

5 Wenn die Rolle den richtigen Durchmesser für Knöpfe hat, mit einem scharfen Teppichmesser Scheiben abschneiden und wenn nötig nachformen. Achten Sie darauf, keine Fingerabdrücke zu hinterlassen.

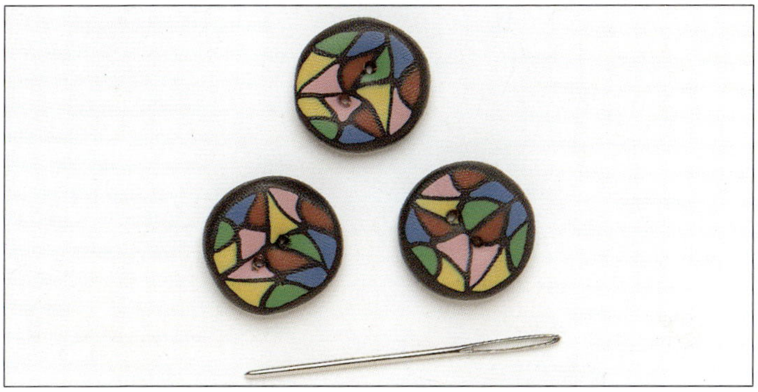

6 Mit einer Stopfnadel die Löcher hineinstechen. Versuchen Sie, die Knöpfe dabei nicht zu fest anzufassen. Entsprechend den Angaben des Herstellers im Ofen brennen.

Dekorative Verschlüsse

Besondere Verschlüsse wie Verschnürungen, Schlaufen und Türkische Knoten, die auf Samt, Brokat und Satin ausgesprochen schön aussehen, verleihen der Abendgarderobe bei besonderen Anlässen eine luxuriösere Wirkung. Sie werden aus Schnüren gefertigt und können seidig oder matt, dick oder dünn sein – in den Einrichtungsabteilungen der Kaufhäuser sind manchmal sehr dekorative Schnüre erhältlich. Solche Verschlüsse sollten nur chemisch gereinigt werden.

SCHNURVERSCHLUSS

Diese ursprünglich unter der Bezeichnung »Brandebourgs« bekannten Verschlüsse, die es seit dem späten 17. Jahrhundert gibt, sind bis heute beliebt. Man trägt sie in Reihen auf Hausjacken, Kleidern im orientalischen Stil und auf Kosakenmänteln.

1 Zeichnen Sie mit Schneiderkreide die Umrisse des Schnurverschlusses auf; dann schneiden Sie ein Stück Schnur auf die erforderliche Länge und legen damit die gesamte Form aus. Beginnen Sie in der Mitte und legen Sie die erste Schlaufe. Mit Heftstich befestigen.

2 Orientieren Sie sich an dem vorgezeichneten Muster und legen Sie die zweite und dritte Schlaufe. Achten Sie darauf, daß sie alle gleich groß sind. Mit Heftstich befestigen.

3 Führen Sie die Schnur unter der dritten Schlaufe hindurch bis zum Rand des Stoffes. Dort machen Sie eine kleinere Schlaufe (als Verschlußöse für einen Knopf) und führen die Schnur zurück zur Mitte. Das Ende sauber abschneiden und unter der Verschnürung festnähen.

4 Nähen Sie die Schnur fest und ergänzen Sie den stoffbezogenen Knopf (siehe S. 70). Exakt auf der Rückseite einen Knopf der gleichen Größe befestigen.

5 Auf der gegenüberliegenden Seite Schritte 1–4 wiederholen. (Wenn das Kleidungsstück geknöpft wird, ist die zweite Schlaufe für den Knopf auf der Unterseite der gegenüberliegenden Verschnürung gedacht.)

TÜRKISCHER KNOTEN

Diese Schnurknöpfe, die an kleine Turbane erinnern, wurden von orientalischer Kleidung übernommen. Sie sind einfach herzustellen, bilden die ideale Ergänzung zu Schlaufen (siehe unten) und verleihen einem Kleidungsstück ein orientalisches Flair. Am besten üben Sie die Herstellung dieser Knöpfe zunächst mit einer einzelnen Schnur statt mit einer Doppelschnur. Die Größe des Knotens hängt von der Dicke der verwendeten Schnur ab.

1 Schneiden Sie ein Stück Schnur auf die für den gesamten Knoten erforderliche Länge. Machen Sie die erste Schlaufe und lassen Sie dabei rechts ein Stück überstehen.

2 Sie machen die zweite Schlaufe, indem Sie die Schnur über die erste und dann unter das lose Ende schlagen.

3 Legen Sie die Schnur über die zweite Schlaufe und führen Sie sie durch die erste. Während Sie die zweite Schnur einflechten, formen Sie nach und nach eine Kugel und ziehen die Schnur an, so daß ein fester Knoten entsteht.

4 Die Enden der Schnur unterhalb des Knotens überlappen lassen und mit Stoffkleber befestigen. Die Schnur kurz unter dem Knoten abschneiden und in den Knoten vernähen, damit eine flache Unterseite entsteht.

SCHLAUFEN

Auf einem Ärmel oder dem Oberteil eines Kleides wirkt eine Reihe von Schlaufen sehr elegant und sorgt für einen guten Sitz. Türkische Knoten oder Kugelknöpfe eignen sich am besten für Schlaufenverschlüsse. Sie müssen jedoch die passende Größe haben (besonders wichtig bei Knöpfen aus glatten Schnüren oder bei glänzenden Kugelknöpfen, die aus der Schlaufe rutschen können, wenn diese zu groß sind), um zu verhindern, daß der Verschluß aufgeht.

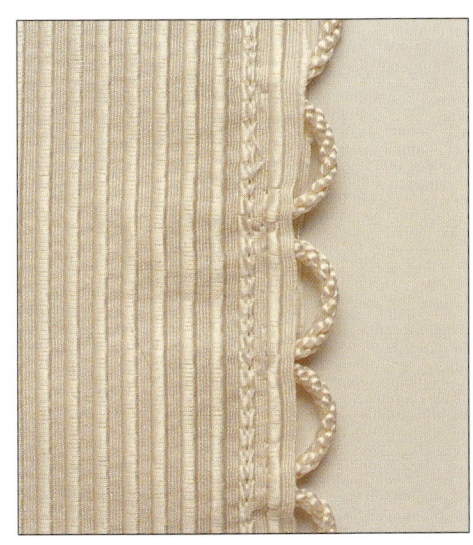

1 Legen Sie auf der Vorderseite des Stoffes Schlaufen aus. Jede Schlaufe am Ansatz mit Heftstich befestigen.

2 Nähen Sie mit der Maschine über den Besatz und achten Sie darauf, daß die Stiche vollständig durch die Schlaufenansätze gehen. Zweimal darübernähen.

3 Sie schlagen den Stoff um, so daß sich der Besatz jetzt auf der Unterseite befindet, und bügeln darüber. Knöpfe oder türkische Knoten gegenüber anbringen.

Bezogene Knöpfe

Mit Stoff bezogene Knöpfe wirken auf Taschen und Manschetten sehr dekorativ und sind darüber hinaus ein funktioneller Verschluß. Wenn man sie mit dem gleichen Stoff bezieht, aus dem das Kleidungsstück besteht, erzeugen sie eine dezente Eleganz. Bei einem Stoff in einer Kontrastfarbe lassen sie sich auf andere Details abstimmen, beispielsweise eine Paspel. Stickereien oder unterlegte Spitze sind edle Alternativen und für besondere Gelegenheiten geeignet.

DAS BEZIEHEN VON KNÖPFEN

Im Handel sind unbearbeitete Knöpfe in vielen verschiedenen Größen zum Selbermachen erhältlich. Exemplare aus Metall (wie in der Abbildung) eignen sich für große Knöpfe und schwere Stoffe, Plastik eher für kleine Knöpfe und dünne Stoffe.

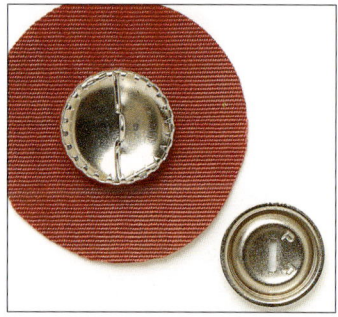

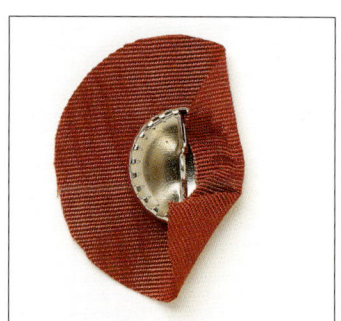

1 Schneiden Sie den Stoff wie abgebildet in eine kreisrunde Form. Nehmen Sie bei schweren Stoffen eine Lage, bei feinen Stoffen zwei Lagen oder eine mit zusätzlicher Unterlage. Legen Sie die Oberseite des Knopfes in die Mitte.

2 Schlagen Sie den Stoff um die Knopfform und drükken Sie den Stoff in den gezähnten Rand, so daß er hält.

3 Drücken Sie die Unterseite des Knopfes hinein (achten Sie darauf, daß der gesamte Stoffrand eingeschlagen ist), damit der Stoff gut hält.

KUGELKNÖPFE

Obwohl keine Kugelknöpfe zum Selbermachen angeboten werden, sind Kugelknöpfe aus Plastik leicht zu beziehen. Mit Stoffbezug eignen sie sich ideal für Hochzeits- oder Abendgarderoben.

1 Schneiden Sie den Stoff zu. Nähen Sie mit Heftstich um den Rand und setzen Sie den Knopf in die Mitte.

2 Ziehen Sie den Faden gleichmäßig an, so daß der Stoff den Knopf umhüllt und sich der Rand dicht um den Knopfstiel legt.

3 Zum Abschluß nähen Sie durch den Stoffrand und den Knopfstiel, damit der Stoff sicher hält.

Register

Museen und Bücher

Museen

Knopfsammlungen in öffentlichem Besitz, unterschiedlich umfangreich, findet man vor allem an historischen und gegenwärtigen Standorten der Knopfindustrie:

Kreis-Heimatmuseum Bad Frankenhausen
Schloß
O-4732 Bad Frankenhausen
Frankenhausen war der Hauptort der Knopfherstellung im Kyffhäusergebiet. Kleine Dokumentation im Museum.

Deutsches Knopfmuseum
Tachauer Straße 45
8599 Bärnau
Umfangreiche Sammlung mit Beispielen aller Knopfarten.

Museen der Stadt Lüdenscheid
Knopfsammlung im Stadtmuseum
Sauerfelder Straße 14
5880 Lüdenscheid
In der traditionellen Knopfmacherstadt liegt der Schwerpunkt der Sammlung auf Metallknöpfen des 19. Jahrhunderts.

Schmölln
O-7420 Schmölln war Standort einer bedeutenden Knopfindustrie. Für eine Knopfsammlung, die früher in der nahegelegenen Burg Posterstein gezeigt wurde, wird ein neues Museum eingerichtet.

Aus einer privaten Knopfsammlung ist das kleine Museum in Minden hervorgegangen:

Knopfmuseum im potts park
Freizeit- und Erlebnispark
Bergkirchener Straße 99
4950 Minden

Kostbare Knöpfe als Teile von Juweliergarnituren sind im Grünen Gewölbe in Dresden ausgestellt:

Staatliche Kunstsammlungen Dresden
Grünes Gewölbe
Albertinum
Georg-Treu-Platz 1
Dresden

Bücher

Albert, L. S. und K. Kent, *The Complete Button Book*, Garden City (N.Y.): Doubleday 1949

Epstein, Diana und M. Safro, *Buttons*, New York: Abrams 1991

Gandouet, Thérèse, *Boutons*, Paris: Edition de l'amateur 1984

Hermann, Edith, *Der Steinnußknopf, Der Holzknopf, Der Glasknopf*. Ausstellungsinformationen, hg. vom Deutschen Knopfmuseum Bärnau, Bärnau 1985–1986

Hostert, W., *Lüdenscheid und die Knöpfe*. Lüdenscheider Beiträge, Heft 7, 1976

Houart, V., *Buttons. A Collector's Guide*. London: Souvenir Press 1977

Lutter, W., *Die Knopffabrikation*. Wien u. Leipzig: Hartleben 1907

Poser, Gisela, *Knöpfe – einmal vorgeknöpft*. Begleitheft zur Ausstellung im Museum Ober-Ramstadt, hg. vom Verein für Heimatgeschichte, Ober-Ramstadt 1987

Schönweiß, W., *Der Knopf: Frühe Scheibenknöpfe aus Metall im 14.–17. Jahrhundert*. Schriftenreihe des Deutschen Knopfmuseums Bärnau, Heft 1, 1987

Trenkle, M., *Der Perlmutter-Knopf. Rohstoffe, Fertigung, Geschichte*, 4. erweiterte und verbesserte Aufl., Bad Ems: Butonia-Verl. 1958

Waldes, H., *Berichte aus dem Knopf-Museum Heinrich Waldes, Prag-Wrschowitz*, 4 Jahrgänge, Prag-Wrschowitz: Waldes-Verl. 1916–1919

Wilzbach, Annette und Martina Wilzbach-Wald, *Knopf Design*, Frankfurt: Deutscher Fachverlag 1990

Dank

Danksagung der Autorin

Ich möchte mich bei all meinen Lieferanten, bei meiner Familie und bei meinen Freunden herzlich bedanken. Ihre praktische Hilfe, ihr Rat und ihre aufbauende Unterstützung während der Zusammenstellung dieses Buches waren mir äußerst wertvoll. Vor allem danke ich meinem Mann Michael für seine Geduld und seine Ermutigung. Mein ganz besonderer Dank geht an die Mitarbeiter von »Button Box«, Sue Winter, Bill Harris, Jasette Amos und Valerie Olleon.

Außerdem bedanke ich mich herzlich bei Toni Frith von »The Button Queen«, London, Eileen Helmer von »The Magpie«, Totness und Jessie Partt von »Western Antique Market«, Bath und Sheila Bird, Dorset – sie alle haben mir nicht nur aus ihren privaten Sammlungen wundervolle alte Knöpfe zur Verfügung gestellt, sondern auch ihre profunde Sachkenntnis (Antike Knöpfe, S. 28–29).

Auch Julia Hill und Sandra Divall von »Miro Buttons« bin ich wegen ihrer handgemachten Knöpfe, die auf den Seiten 30–31 abgebildet sind, zu Dank verpflichtet, ebenso Claire Grove in Cardiff, die mir ihr Wissen über die Herstellung von handgemachten Knöpfen vermittelte und mir einige selbstgefertigte Exemplare zukommen ließ (S. 66–67). Mein Dank geht auch an Mr. Riddle von der »London Badge and Button Company Ltd.« Er gab mir viele wertvolle Hinweise und hat mir Metallknöpfe als Leihgabe zur Verfügung gestellt. Val und Ray Atkinson von »Azea Buttons« haben mir schöne handgemachte Knöpfe von den Aborigines ausgeliehen, auch ihnen sei an dieser Stelle gedankt.

Elizabeth Hess, Judy Stevenson und Gavin Morgan vom Museum of London danke ich für ihre große Hilfsbereitschaft und Unterstützung. Das gleiche gilt für Mr. Harvey vom Victoria and Albert Museum; Anna Meredith vom City of Birmingham Museum and Art Gallery und die Mitarbeiter vom Dorset County Museum.

Mein Dank und meine Liebe gehen an Mollie und Ernest Whittemore für ihre unermüdliche Forschung. Mollie Whittemore danke ich darüber hinaus besonders dafür, daß sie die auf den Seiten 64–65 vorgestellten wunderschönen Beispiele für verzierte und umnähte Knopflöcher entworfen und gestaltet hat. Liebevolle Dankbarkeit empfinde ich auch für meine stets hilfsbereite Schwester Claire.

Ich danke Terry Meinrath, der mir wertvolle Anregungen gab und Musterstücke zur Verfügung gestellt hat, ebenso wie Tony Allen und Valerie Olleon, die für die Arbeitsanleitungen auf den Seiten 64–65 und 68–69 Beispiele zusammengestellt haben.

Mrs. Nichols war so freundlich, mir die einzigartige Originalsammlung von Couturier-Knöpfen aus den vierziger, fünfziger und sechziger Jahren, die aus dem Besitz von Mr. Nichols stammen, als Leihgabe zu überlassen (dreieckige Knöpfe auf S. 49).

Herzlich danke ich Joanna Bawden von »Colourspun«, Camden Town, die sämtliche Garne geliefert hat. Darüber hinaus hat sie mir die originalen Arts-and-Crafts-Knöpfe ihrer Mutter zur Verfügung gestellt.

Meine Liebe und meine Dankbarkeit gehen auch an Dave Acherman, Steve Pringle und Malcolm Brown, die, jeder auf seine besondere Weise, mein Leben und meine berufliche Laufbahn mitgeprägt haben.

Besonders herzlich möchte ich Daphne Razazan für ihr Verständnis, ihre Begeisterung und ihren Rat danken, und dafür, daß sie mir dieses kreative Projekt zu diesem Zeitpunkt ermöglicht hat. Laura Harper, Tracey Clarke und Carole Ash verloren nicht ein einziges Mal die Geduld und waren stets voller Zuversicht, und es war schön mit ihnen im Team zu arbeiten; auch ihnen sei hier gedankt.

Und schließlich danke ich Paul Hughes dafür, daß er mich eingeschlossen hat, damit dieses Buch fertig wird.

Dorling Kindersley möchte sich an dieser Stelle bei Susannah Marriott, Corinne Hall und Mark Ronan für ihre redaktionelle Mitarbeit bedanken; bei Steve Painter und Kate Sarluis für ihre Mitarbeit bei der künstlerischen Gestaltung, bei Tim Ridley für die Fotos auf den Seiten 54–55, 58–59 und 60–61, bei Sarah Ashum für die Mitarbeit bei der fotografischen Gestaltung, bei Hilary Bird für die Zusammenstellung des Registers, bei Clive Webster für die Bildrecherche und bei Valerie Hopper für die Kleidungsstücke auf den Seiten 58–59. Gedankt sei ebenso »Liberty's« und Johnny Paige von »Fine Dress Fabrics« für die freundliche Bereitstellung der Stoffe auf den Seiten 36–47.

Für freundliche Hilfe bei der Zusammenstellung des Abschnitts über **Museen und Bücher** dankt der **DuMont Buchverlag** Herrn Walter Lode, Waldkraiburg, Herrn Dr. Wilhelm Kolbe, Burscheid, der Krils Knopffabrik, Karl Wagner GmbH, Neuwied, und der Firma Knopf-Troche GmbH, Bielefeld.